누구나 쉽게 하는
스마트폰 영상 편집
키네마스터

스마트폰만 있으면 유튜브 영상 제작 준비 끝!

누구나 쉽게 하는 스마트폰 영상 편집

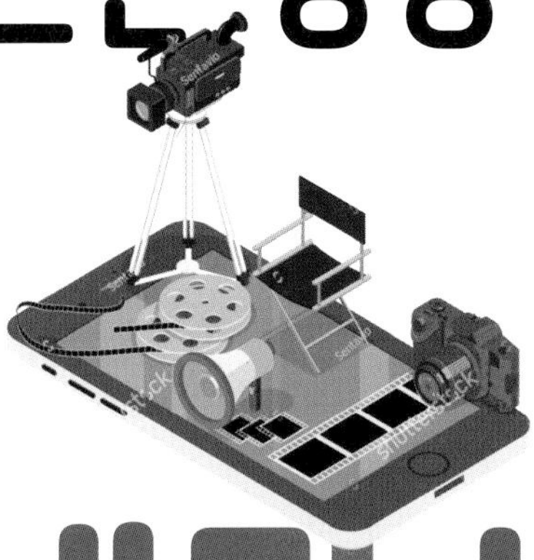

박찬준, 최현정 지음

키네마스터

나비의 활주로

CONTENTS

크리에이터를 꿈꾸는 분들께

이 책은 저자가 거의 매일 수많은 영상 콘텐츠 제작 강의를 진행하며 효과적인 영상 편집 방법을 고민하다 프로그램을 결정한 뒤 집필하게 된 책이다. 만약 크리에이터를 꿈꾸고 있는데 영상 콘텐츠를 반드시 만들어야 한다면, 값비싼 장비부터 장바구니에 담지 말고 하루에도 셀 수 없이 많이 사용하고 있는 스마트폰 기능부터 다시 한번 살펴볼 것을 권하고 싶다.

조금 더 현실적인 이야기를 해 본다면 영상 제작을 위한 스마트폰은 되도록 최신 기종이 좋다. 가지고 있는 스마트폰이 출시된 지 3~5년이 지났다면 카메라 장비들을 구입하기 전에 과감하게 스마트폰부터 최신 기종으로 바꿔 보는 것을 추천한다.

영상 편집 프로그램을 고민하는 분들께

강의 요청 시 가장 많이 받는 질문 중 하나가 "강사님 무료로 쉽게 이용할 수 있으면서 전문가처럼 편집 가능한 프로그램이 있나요?"이다. 결론부터 말씀드리자면 그런 프로그램은 없다. 그러나 대안은 늘 있기 마련이다.

무료는 아니지만, 별다른 준비 없이 가장 손쉽게 편집할 수 있는 스마트폰 영상 편집 애플리케이션 '키네마스터'를 추천한다. 적은 비용으로 전문가들이 사용하는 편집 효과들을 이용할 수 있다.

제발 영상 편집 프로그램을 비싸게 결제해서 방치하지 말고 스마트폰으로 시작하자.

이 책을 더욱 잘 활용하려면?

이 책은, 다양한 수강생들을 상대로 수많은 강의를 진행한 저자가 그간의 경험과 노하우를 시행착오를 거쳐 수정을 거듭하며 녹여낸 키네마스터 편집 매뉴얼이다. 목차 순서대로 하나씩 차분히 따라가다 보면 어느새 원하는 영상 편집 기술을 습득하고 콘텐츠를 제작하는 일이 즐거워질 것이다.

우선 책을 처음부터 끝까지 가볍게 정독한 뒤 키네마스터를 실행하여 필요한 편집 매뉴얼을 보고 외우며 반복적으로 영상을 편집해보기를 추천한다.

다른 분야 공부를 할 때는 납득 가능한 학습 및 연습 시간을 확보하면서 영상 편집 공부를 할 때는 단번에 전문가 수준의 편집 실력을 가지기를 원하는 경우가 많다. 영상 편집 작업도 일반적인 공부와 다를 것이 없다.

Step by step, 매뉴얼 하나씩 차분하게 포기하지 않는 반복적인 연습만이 당신의 크리에이터 꿈을 이루어 줄 것이다!

2021년

박찬준, 최현정

KINEMASTER

CHAPTER 1

왜 키네마스터인가?

★★★★★

키네마스터 애플리케이션 소개

지금 이 순간에도 하루 평균 약 700만 명의 세계인들이 사용하고 있는 스마트폰 동영상 편집 애플리케이션 '키네마스터'. 현존하는 스마트폰 동영상 편집 애플리케이션 중 PC 동영상 편집 프로그램과 가장 유사한 UI를 제공하며 퀄리티 높은 영상을 제작할 수 있다고 영상 전문가들이 인정하는 키네마스터 애플리케이션을 간단하게 소개하고자 한다. 키네마스터 공식 홈페이지에서는 다음과 같이 소개하고 있다. "키네마스터는 2013년 12월 출시 이후 글로벌시장에서 폭발적 성장을 바탕으로 2019년 12월 누적 기준 2억 다운로드를 달성하였으며, 강력한 모바일 편집툴을 기반으로 한 전문가 수준의 동영상 편집 환경을 제공하고 있다."

저자는 스마트폰을 활용한 유튜브 및 SNS 콘텐츠의 제작과 홍보 교육을 진행하고 있다. 학부모와 함께하는 미취학 아동 수강생부터 젊은 청년, 비대면 콘텐츠 시대의 떠오르는 샛별인 시니어 크리에이터들까지 다양한 수강생들이 별다른 준비 없이, 늘 소지하고 다니는 스마트폰 하나만으로 퀄리티 높은 영상을 제작할 수 있는 건 무엇보다 키네마스터의 쉽고 직관적인 편집 매뉴얼 덕분이라 생각한다. 키네마스터는 다음

아이폰 앱스토어 기준 화면

이미지에서 확인할 수 있듯이, 아이폰의 경우 앱스토어, 안드로이드 스마트폰의 경우 플레이 스토어에서 별도의 비용 없이 다운로드 가능하다. 이제 키네마스터의 시작 화면과 간단한 특장점을 살펴보자.

스마트폰으로 키네마스터 다운로드 완료 후 애플리케이션을 처음 실행하면 다음 페이지 이미지와 같은 화면을 확인할 수 있다. 저자가 생각하는 키네마스터의 최대 장점 중 하나는 틱톡과 유튜브 바로가기 버튼이다. 사실 영상 편집을 마치고 업로드 가능한 사이트로 접속하는 행위 또한 번거로울 수 있는데 이 과정들을 클릭 한 번으로 해결할 수 있으니 이보다 편리할 수 있을까? 이제 실행 화면에 보이는 세 가지 버튼을 하나씩 살펴보자. (나머지 버튼은 CHAPTER 2에서 살펴보자.)

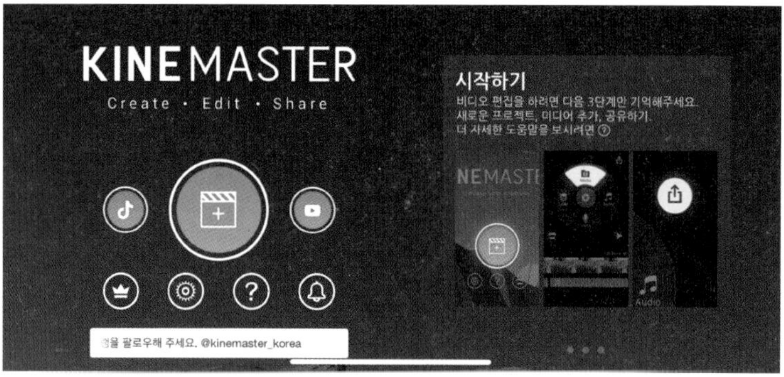

★ **틱톡:** 버튼 클릭 시 바로 틱톡 사이트로 이동한다.

★ **+ 버튼:** 클릭 시 본격적인 영상 편집이 가능한 타임라인 화면으로 이동한다.

★ **유튜브 버튼:** 클릭 시 영상 편집을 마친 후 유튜브에 업로드가 가능하다.

에셋 스토어

조심스럽지만 감히 키네마스터를 이용하는 이유라고도 할 수 있는 에셋 스토어를 살펴보자. 에셋 스토어란 오른쪽 상단 이미지에서 볼 수 있듯이 비디오에 사용할 수 있는 새로운 이펙트, 전환 효과, 음악, 효과음, 글꼴, 오버레이 에셋을 다운로드 할 수 있는 곳이다. 우리가 일상에서 흔히 이용하는 유튜브에 비유하자면, 영상 편집 시 기본 편집이라 일컫는 컷 편집을 완료한 후 유튜브 영상에 자막을 넣고, 자막에 어울리는 폰트를 고르는 데 필요한 폰트가 에셋 스토어에 다양하게 존재한다.

컷과 컷을 이어주는 화면 전환 효과와 배경음악도 저작권 걱정 없이 다운로드 받을 수 있다. (무료 서비스와 유료 서비스로 나뉜다.) 개인적으로

키네마스터가 제공하는 음악들이 영상 편집자에게 굉장히 편리하다고 생각한다. 영상 편집 시 촬영한 영상 소스는 대개 직접 촬영한 경우 저작권 걱정 없이 사용하여 영상 편집을 빠르게 진행할 수 있지만 컷 편집 이후 영상에 맞는 배경음악을 고르는 것부터는 시간이 많이 걸릴 수 있다. 키네마스터에서 제공하는 음악 소스들을 잘 활용한다면 이와 같은 어려움을 극복할 수 있다.

에셋 스토어 시작 화면

키네마스터 에셋 스토어 이용 시 프리미엄 구독 결제의 월간 금액은 4,500원이며 연간 금액은 25,000원이다. 월간 구독으로 시작해서 한 달 동안 키네마스터를 사용하는 빈도수를 체크한 뒤 연간 구독권을 구매하기를 권장한다.

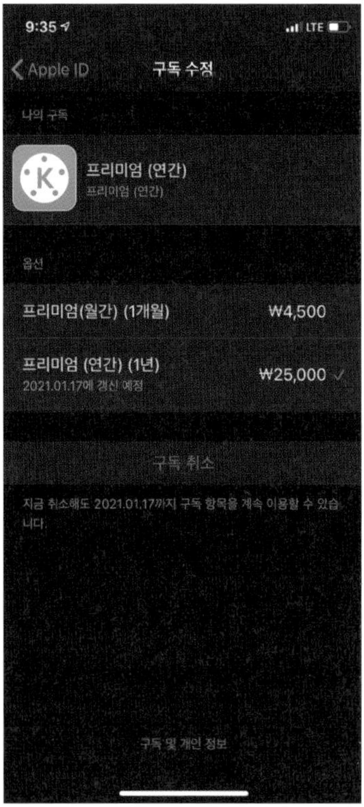

키네마스터의 특장점

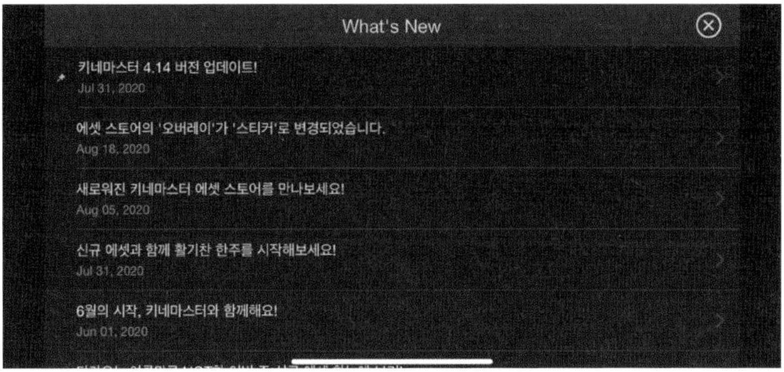

키네마스터 시작 화면에서 알람 버튼을 클릭하면 위의 이미지와 같은 화면을 확인할 수 있다. 2020년 8월 18일 기준, 에셋 스토어와 관련된 새로운 업데이트 소식을 확인할 수 있다.

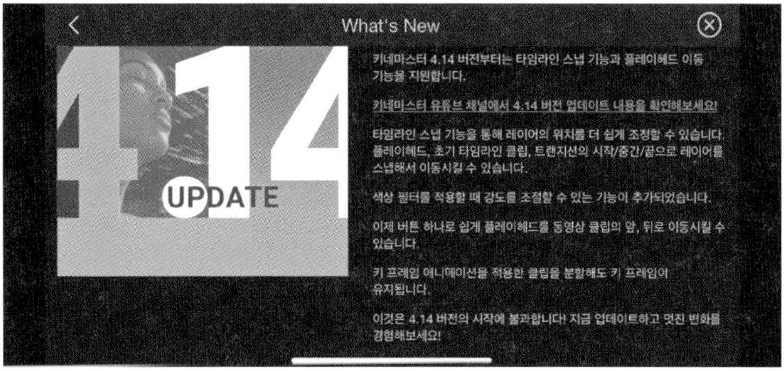

키네마스터 4.14 버전부터는 타임라인 스냅 기능과 플레이헤드 이동 기능이 추가되어 PC버전 편집 프로그램에서 제공하는 대다수의 기능이 제공됨을 알 수 있다.

2021 유튜브 현황 및 트렌드

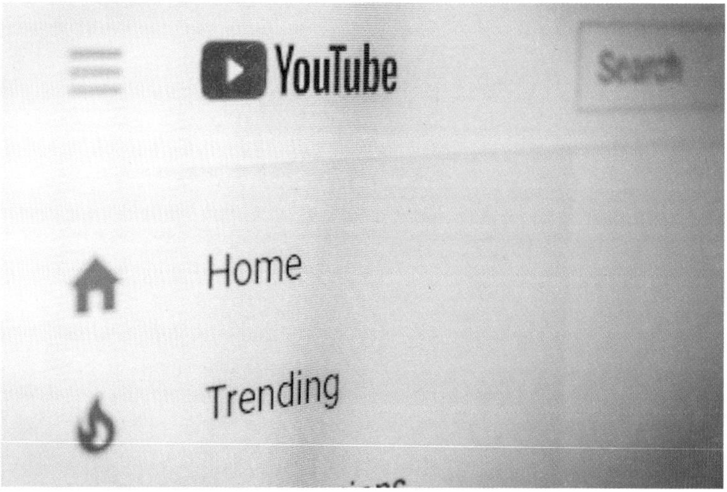

2021년도 유튜브 현황과 트렌드를 가볍게 살펴보며 CHAPTER 1을 마무리하려 한다. 우선 2020년도는 전 세계적으로 역사에 한 획을 그은 해이기도 하다. 2020년도를 맞이하는 기쁨도 잠시 지구촌 사람들 그 누구도 예상하지 못했던 코로나 바이러스가 유행하기 시작했다. 장기적인 대유행으로 전염병이 돌고 있는 어지럽고 혼란한 상황에서 이전처럼 일상에서 대면으로 무언가를 하는 것이 어려워졌다. 그렇기에 PC 또는 스마트폰으로 인터넷만 연결된다면, 손쉽게 온라인 세상에 흡수될 수 있는 플랫폼을 제공하는 유튜브가 두드러질 수밖에 없었다.

또한 2019년 여름 '보람튜브' 사건을 중심으로 빠르게 퍼져 나갔던 '유튜브 배우기 열풍'을 통해 2020년 상반기에는 정말 많은 분들이 유튜브 플랫폼에 들어오게 되었다. 코로나 사태로 등교하지 못하는 학생들의 수업부터 콘서트와 운동 경기 등 문화 스포츠 영역의 실시간 온라인 생중계까지 다양한 영역에서 유튜브가 엄청난 역할을 해내고 있다고 느낀다. 그렇다면 2021년 유튜브 트렌드를 간단하게 정리하자면 어떻게 말할 수 있을까?

그간 유튜브가 1,000명의 구독자 달성과 시청 시간 기준 4,000시간을 채워 애드센스 수익을 바라보며 소위 말하는 대박을 꿈꾸는 수단이었다면, 이제는 다른 SNS 플랫폼(ex: 페이스북, 인스타그램, 블로그 등)보다 영상이 조금 더 돋보이는 홍보 수단 또는 영상 포트폴리오 사이트라고 유튜브를 정리할 수 있겠다. CHAPTER 2에서부터 본격적으로 키네마스터를 활용한 영상 편집을 시작해보자.

KINEMASTER

CHAPTER 2

'컷'으로 시작하는 영상 편집

★★★★★

컷 편집이 뭘까?

(1) 컷(cut): 영상 편집에 관심이 있어 이와 관련된 수업을 들어본 독자라면, 유튜브 강사 또는 영상 편집 강사들이 흔히 편집 수업 시 "이 부분은 컷 편집을 이렇게~"라고 이야기하는 것을 들어봤을 것이다. 자, 그렇다면 도대체 컷 편집에서 컷이 무엇을 뜻하는 걸까?

사전적 의미를 찾아보기 전에 간단하게 설명해보자면, 시청하는 영상의 화면 하나하나를 첫 번째 컷, 두 번째 컷, 세 번째 컷으로 세면 된다. 그러나 기본이 중요한 만큼 사전적 의미 또한 짧게나마 살펴보자.

네이버 국어사전에 의하면, 명사로 쓰일 때는 ① 영상에서 한 번의 연속 촬영으로 찍은 장면을 이르는 말 ② 영상에서 대본이나 촬영한 필름에서 불필요한 부분을 삭제하는 일 ③ 매체의 인쇄물에 넣는 삽화를 말한다. 감탄사로 쓰일 때는 영화 촬영에서 촬영을 멈추거나 멈추라는 뜻으로 하는 말이다.

언제까지 영상 편집 초급 과정에만 머물러 있을 순 없으니, 다소 낯선 단어로 들릴 수 있는 시퀀스의 개념 또한 바로 살펴보자.

(2) 시퀀스(sequence): 시퀀스라는 단어는 사실 영상 편집에서도 많이

쓰이지만, 콘텐츠 편집 작업 시 특히나 포토샵 프로그램 활용 시 꽤 많이 쓰는 용어이다.

네이버 국어사전에 의하면 명사로 쓰일 때는 ① 학습에서, 단원이 발달하여 가는 차례 ② 영화에서, 하나의 이야기가 시작되고 끝나는 독립적인 구성단위로서 극의 장소, 행동, 시간의 연속성을 가진 몇 개의 장면이 모여서 이루어지는 것을 말한다.

마지막으로 컷과 마찬가지로 꽤 많이 들어보았을 신(scene)의 의미를 살펴보자.

(3) 신(scene): 영화 혹은 드라마와 관련해 "이 신 참 잘 찍었네."라고 말하는 것을 한 번쯤은 들어본 경험이 있을 것이다.

네이버 국어사전을 살펴보면 명사로 쓰일 때 신은 ① 영화를 구성하는 극적 단위의 하나로 같은 장소, 같은 시간 내에서 일련의 행동이나 대사가 이루어지는 부분 ② 연극 또는 영화의 순간 광경을 말한다.

컷, 시퀀스, 신까지 영상의 최소 단위부터 최대 단위까지 순차적으로 살펴보았다. 지금까지 영상 편집 시작 전 기본기를 다졌으니, 이제 다음 에피소드부터 키네마스터 기초 매뉴얼을 익히며 스마트폰으로 '나도 영상 편집자'가 되어보자.

키네마스터 기초 매뉴얼 A to Z

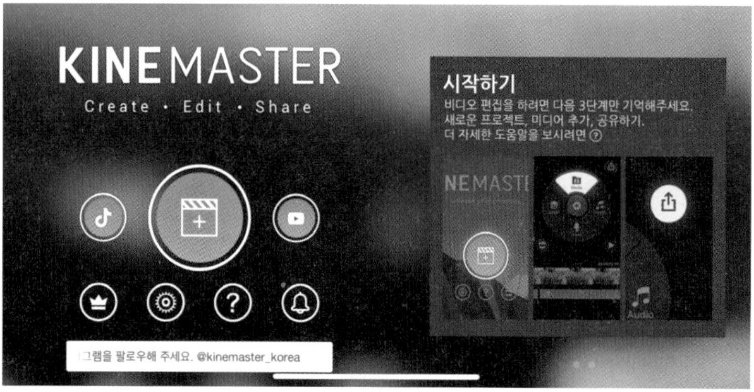

CHAPTER 1에서 키네마스터 첫 화면의 일부 버튼은 설명했기에 이번에는 키네마스터 활용 시 꼭 알아두면 좋은 버튼들을 중심으로 조금 더 깊이 있게 살펴보려 한다.

★ **톱니바퀴 버튼:** 앱의 기본 설정들을 변경할 수 있는 버튼이다.

오른쪽 이미지와 같이 정보, 편집, 정렬 카테고리가 형성되고 키네마

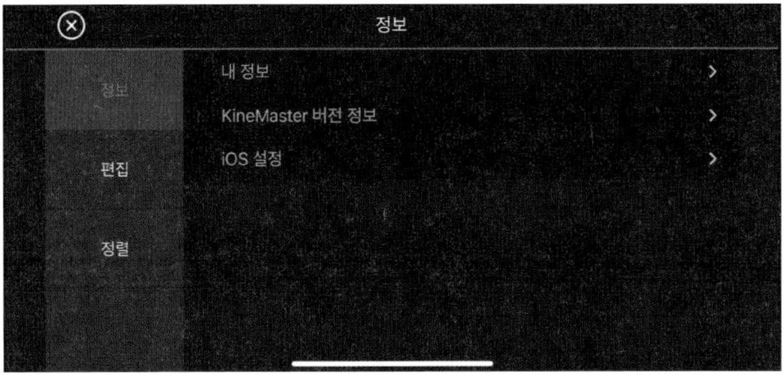

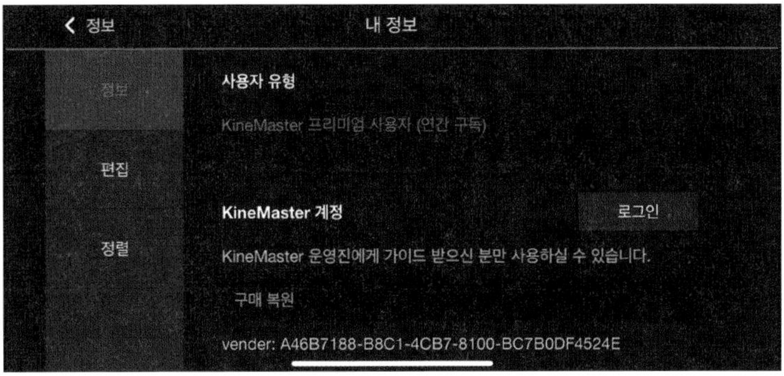

스터 로그인은 '정보 → 내 정보'를 클릭하여 접속할 수 있다.

키네마스터 연간 구독 신청을 완료했다면 위의 두 번째 이미지처럼 연간 구독이라고 표기됨을 확인할 수 있다. 키네마스터 운영진에게 가이드를 받았다면 로그인 버튼을 활용하여 키네마스터 유료 버전을 이용할 수 있는 화면이다.

편집 카테고리를 살펴보면, 기본적으로 미디어에서 사진을 불러올 때 클립 길이의 초 단위 설정값을 변경할 수 있고 레이어 길이의 초기 설정

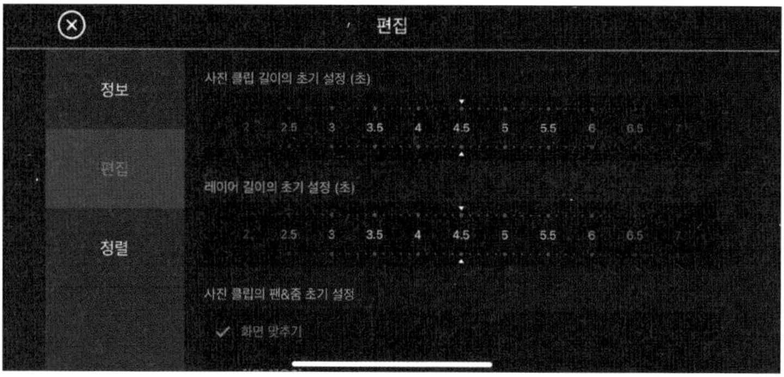

또한 가능하다. 초기 설정값은 사용자의 편집 스타일과 편리에 따라 수정하길 바란다. 사진 클립의 팬&줌 초기 설정은 보통 화면 맞추기로 설정하면 편리하다.

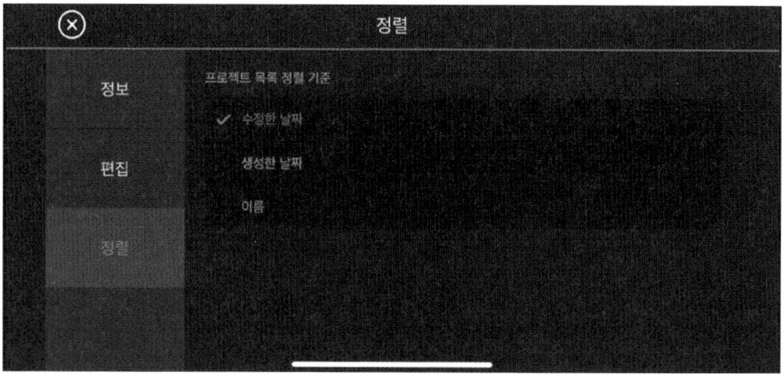

정렬 카테고리에서는 프로젝트 목록들을 어떤 순으로 정렬할 것인지를 설정할 수 있다. 수정한 날짜, 생성한 날짜, 이름 중 개인적으로 수정한 날짜를 기본으로 설정한 뒤 프로젝트 수가 많아지면 이름으로 변경할 것을 추천한다.

★ **물음표 버튼:** 키네마스터 첫 화면에서 물음표 버튼을 클릭하면 이런 화면을 확인할 수 있다. 키네마스터를 이용하다 불편한 점이 생기거나 문의사항이 있을 때 키네마스터 각 SNS 플랫폼을 먼저 확인하고 '도움말 → 홈페이지 → 이메일 문의' 순서로 제공되고 있는 정보 및 공지사항들을 충분히 습득한 후 건의하기를 바란다.

마지막으로 알람 버튼은 CHAPTER 1의 설명을 참고하기 바란다. 드디어 키네마스터 첫 화면의 설명이 끝났다. 이제 빠르게 +(플러스) 버튼을 클릭한 후 본격적인 영상 편집 화면으로 들어가자!

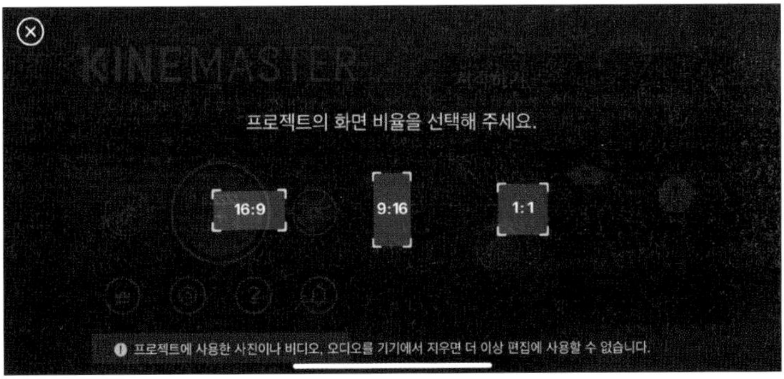

앞선 이미지는 + 버튼을 클릭하면 곧바로 나오는 화면이다. 여기서부터 편집 초보자들은 다소 헷갈릴 수 있는데, 어려울 거 없다. 16:9 화면 비율은 어디서 많이 본 듯한 가로세로 길이 아닌가? 그렇다. 평상시 우리가 즐겨 보는 TV 화면과 가장 가까운 비율이다. 9:16은 특별한 편집 이유가 있지 않다면 추천하지 않는다. 영상을 처음 배울 때에는 세로보다는 가로로 시작하는 것이 좋다. TV나 영화 화면이 대부분 가로라는 점을 생각하면 쉽게 이해할 수 있다. 마지막으로 1:1 비율은 기본적으로 촬영할 때부터 좌우 화면을 1:1로 구성해서 계산할 수 있고, 수많은 SNS 플랫폼 중 인스타그램에 영상을 바로 업로드할 계획이라면 추천한다.

화면에도 명시되어 있듯, 프로젝트에 사용한 사진이나 비디오, 오디오를 스마트폰 기기에서 지울 경우 키네마스터 편집도 불가능하다는 점을 꼭 기억했으면 좋겠다. 무심코 촬영한 소스들로 멋지게 영상 편집을 진행하던 중 스마트폰 갤러리 용량이 모자라 해당 소스들을 지워 버리는 경우가 종종 발생하는데, 반드시 기억하고 주의하자!

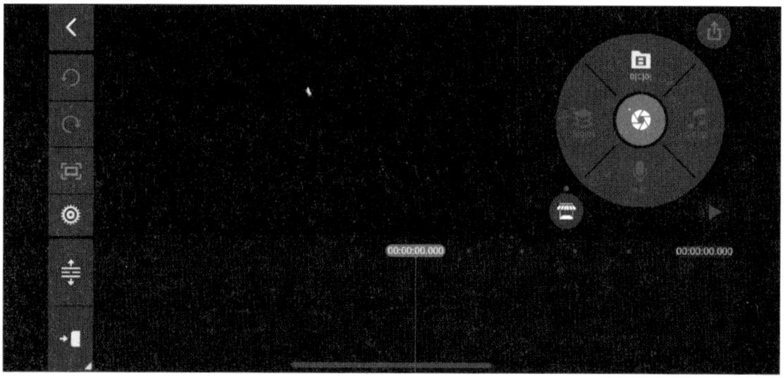

앞의 이미지는 영상 편집 전, 즉 미디어 소스(사진, 영상)를 불러오기 전 타임라인 화면이다. 빨간색 막대기(타임라인바)가 있는 화면이다. 아직 영상을 불러오기 전이라서 활성화된 버튼이 몇 개 되지 않음을 확인할 수 있다. 미디어 소스를 불러올 수 있는 미디어 버튼과 좌측의 설정 버튼(톱니바퀴), 타임라인 확장 버튼(상하 화살표), 미디어 소스 클립의 맨 끝으로 한 번에 이동할 수 있는 버튼(맨 아래의 버튼)을 확인할 수 있다. 그럼 설정 버튼부터 살펴보자.

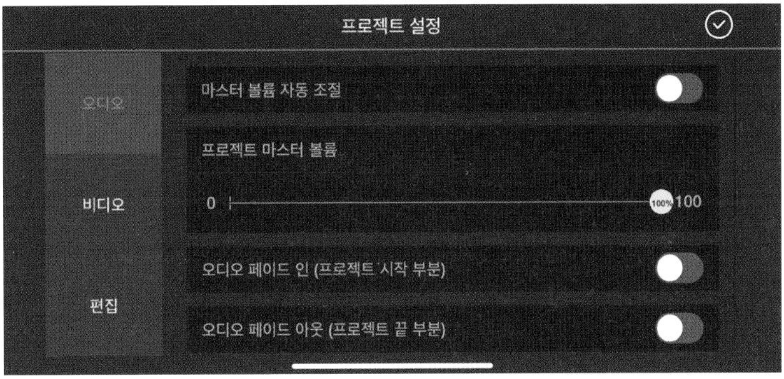

설정 버튼을 클릭하면 오디오 카테고리부터 확인할 수 있다. 마스터 볼륨 자동 조절, 오디오 페이드 인, 페이드 아웃 기능은 꺼두는 것이 좋고, 프로젝트 마스터 볼륨은 100으로 설정한 뒤 상황에 맞게 부분 편집하는 것을 추천한다.

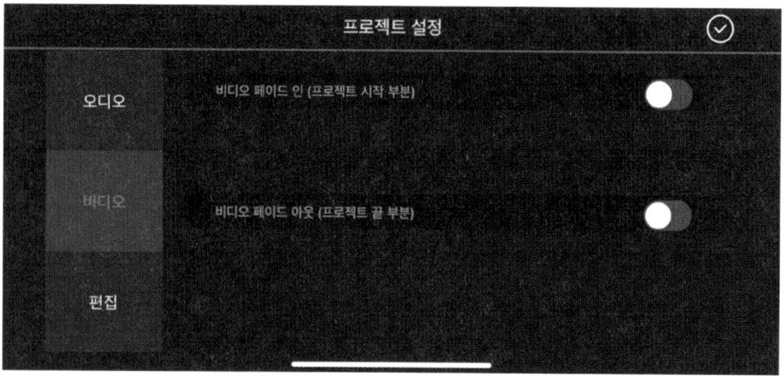

비디오 카테고리에서도 페이드 인, 페이드 아웃은 모두 꺼두는 것을 추천한다. 마지막 편집 카테고리 화면은 앞에서 설명한 편집 카테고리와 동일하기에 생략하겠다.

간단한 영상을 편집할 때는 상관없지만, 편집 레이어가 계속 추가되는 상황에서는 상하 화살표 버튼을 클릭하여 타임라인을 확대하고 조금 더 정교한 작업을 진행하는 것이 작업자에게도 편리하고 업무의 속도를 올리는 데도 좋다. 적절하게 타임라인을 확대 및 기본으로 설정하여 편집해보자. 마지막 버튼은 컷 편집 예시에서 살펴보자.

KINEMASTER 3

키네마스터 영상 편집 시작하기

미디어 버튼을 클릭한 후 편집하고자 하는 영상을 타임라인에 불러오면 위와 같은 화면이 나타난다. 영상을 불러오기 전에는 좌측에 비활성화된 버튼들이 많았지만 이제는 좌측 세 번째 버튼인 다시 실행 버튼을 제외한 모든 버튼들이 활성화되었다.

★ **〈 버튼:** 실행 중인 프로젝트를 나갈 수 있다.

★ **되돌리기 버튼:** 방금 전에 적용한 편집 효과들을 이전의 단계로 되돌릴 수 있다.

★ **다시 실행 버튼:** 취소 처리한 편집 효과를 다시 실행할 수 있다.

★ **좌측 네 번째 버튼:** 미디어 소스를 캡처할 수 있다.

★ **톱니바퀴 버튼:** 프로젝트 설정값을 변경할 수 있다.

★ **상하 화살표 버튼:** 편집하고 있는 타임라인을 확대할 수 있다.

★ **좌측 마지막 버튼:** 해당 클립의 맨 끝으로 이동할 수 있다.

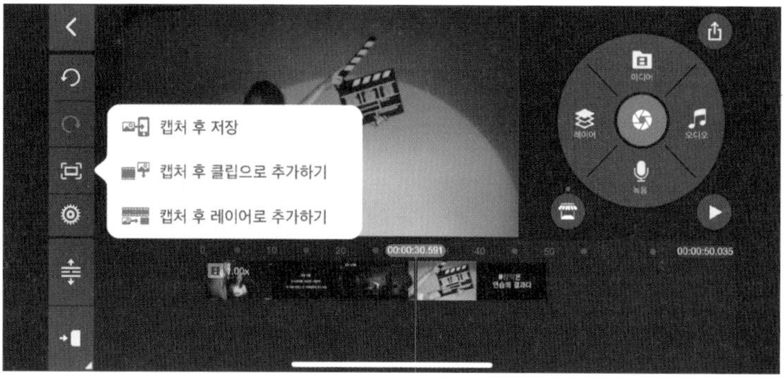

네 번째 캡처 항목에서 '캡처 후 저장' 버튼을 클릭할 경우 나의 스마트폰 사진첩에 해당 화면이 아래와 같이 저장됨을 확인할 수 있다.

이 버튼은 주로 유튜브 영상 편집 진행 시 키네마스터 내에서 썸네일 작업을 마친 후 저장할 때 편리하다.

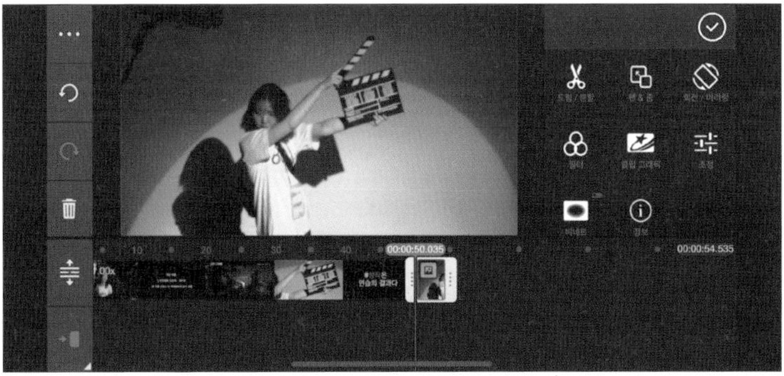

'캡처 후 저장' 아래에 있는 '캡처 후 클립으로 추가하기' 버튼을 클릭하면 이렇게 처음에 불러온 영상 소스 뒤에 캡처 이미지가 새로운 클립으로 형성됨을 확인할 수 있다.

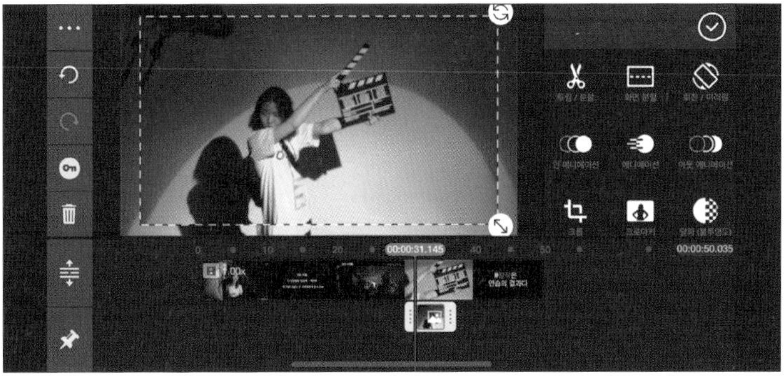

마지막으로 '캡처 후 레이어로 추가하기' 버튼을 클릭하면 처음 불러

온 영상 소스 밑으로 레이어가 추가됨을 확인할 수 있다. 앞선 이미지와 비교해서 보면 알 수 있듯이 클립 뒤에 새로운 클립으로 형성되는 것과 해당 클립 하위 개념으로 레이어가 추가되는 것을 구분해야 한다. 쉽게 설명하여 기본 영상 안에 또 하나의 영상이 추가되어 동시에 재생되는 것을 의미한다. 해당 레이어를 삭제하고 싶을 때에는 좌측 다섯 번째 버튼인 휴지통 버튼을 클릭하여 지울 수 있다.

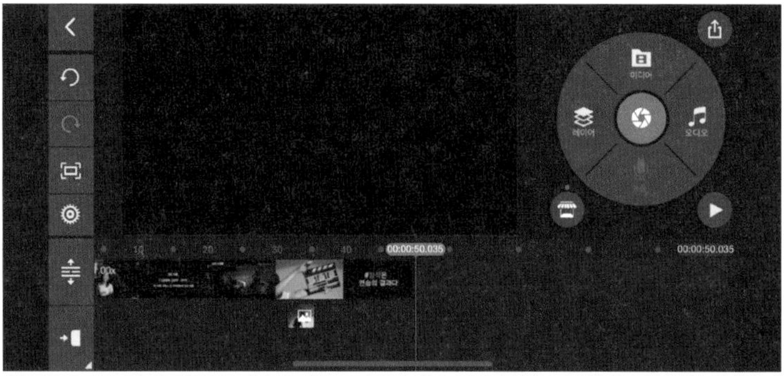

좌측 맨 아래 버튼을 클릭하면 이미지에서 볼 수 있듯이 해당 클립의 맨 끝으로 바로 이동이 가능하여 편집할 때 타임라인바를 드래그하는 시간을 줄일 수 있다. 별거 아닌 것 같지만 이러한 기능 하나하나를 적절하게 사용하다 보면 작업 시간을 줄일 수 있다. 버튼들을 최대한 적극적으로 활용하자.

이제 영상 편집 시 기본 편집에 해당하는 컷 편집을 본격적으로 시작해보려 한다. 우선 34.131초 부분에서 하나의 영상을 두 개로 잘라 보려 한다. 우선 우측의 수많은 버튼 중 트림/분할 버튼을 클릭해보자.

버튼을 클릭하면 이런 화면을 확인할 수 있다. 화면의 우측에서 '플레이헤드의 왼쪽을 트림' 버튼을 누르면 다음에 나오는 화면을 볼 수 있다.

해당 버튼은 말 그대로 플레이헤드(타임라인바) 기준으로 왼쪽에 놓여 있던 미디어 소스들이 타임라인바 기준까지 삭제되고 줄어져서 붙어버리는 기능이다.

'플레이헤드의 오른쪽을 트림' 버튼은 상위 버튼과는 반대 개념으로 생각하면 쉽다. 왼쪽이 아닌 오른쪽의 미디어 소스가 타임라인바 기준으로 삭제되고 붙는다.

저자가 수업 때 가장 추천하는 컷 편집 방식은 '플레이헤드에서 분할'이다. 내가 자르고 싶은 부분에 타임라인바를 놓고 해당 부분에서 클립이 나뉠 수 있는 편집의 기본 기능이다. 34.131초를 기준으로 플레이헤드에서 분할을 클릭한 후 노란색으로 활성화된 소스 부분을 남기고 싶다면 좌측 미디어 소스를 클릭한 후 휴지통 버튼을 클릭하여 삭제하면 되는 아주 간단한 원리이다. 사실 이 기능만 알아도 영상 편집의 기초는 다했다고 볼 수 있다. 아주 쉽게 생각하자면 영상 컷 편집을 시작으로 내가 원하는 효과를 조금씩 추가하는 과정이 영상 편집 과정이다.

마지막 버튼인 '정지화면 분할 및 삽입'을 클릭할 경우 앞의 화면처럼 표시된다.

이 기능은 주로 유튜브 편집 시 카메라 한 대로 촬영할 경우 (특히나 인터뷰 촬영) 화면의 지루함을 해소하고자 해당 부분을 캡처하여 확대 또는 축소할 때 사용한다. 모든 편집은 적용하고자 하는 효과를 클릭하여 재생한 뒤 어색하거나 생각보다 마음에 들지 않을 경우에는 해당 클립을 클릭하여 휴지통 버튼을 활용해 삭제하면 된다. 마지막으로 편집 도구 버튼들을 알아보고 마무리 짓고자 한다.

★ **트림/분할:** 영상 컷 편집 시 사용한다.

★ **팬&줌:** 확대 혹은 축소 시 사용한다.

★ **믹서:** 오디오 편집 시 사용한다.

★ **필터:** 화면 색상을 바꿀 때 사용한다.

★ **속도:** 배속 혹은 저속 설정 시 사용한다.

★ **리버스:** 영상 시작과 끝 순서를 뒤바꾼다.

★ **회전/미러링:** 영상을 좌/우, 상/하로 뒤집거나 180도 회전할 때 사용한다.

★ **클립 그래픽:** 화면 효과를 편집할 때 사용한다.

★ **비네트:** 영상 테두리를 사진과 같이 편집할 때 사용한다.

이퀄라이저, 잔향효과, 음성 변조, 상세 볼륨의 경우 CHAPTER 4에서 자세히 살펴보려 한다.

★ **조정:** 화면 밝기, 대비, 채도, 활기, 온도, 하이라이트, 그림자, 게인, 감마, 리프트, 색조 등을 해당 클립뿐만 아니라 전체 클립에도 적용할 수 있다.

★ **오디오 추출:** 영상 촬영 시 의도치 않게 녹화된 오디오 현장음을 뺄 때 사용한다.

★ **정보:** 해당 클립의 포맷, 해상도, 프레임레이트, 길이가 표시된다.

컷 편집 시 가장 많이 사용하는 화면 전환 효과

이번 에피소드에서는 화면 컷 편집 시 가장 대중적으로 사용하는 화면 전환 효과를 살펴보려 한다. 컷과 컷 사이에 플러스 버튼의 네모 박스를 클릭하면 해당 버튼이 마이너스로 바뀌면서 우측 상단 위 장면 전환에 적용 가능한 효과들이 나타난다. 현재는 효과가 적용되지 않았기에 없음으로 표시되어 있다. 저자는 다음 화면과 같이 프레젠테이션 효과를 사용하고자 한다.

프레젠테이션 효과는 보통 사진을 순서대로 붙여서 영상화하는 작업에 유용하다. 회전부터 닦아내기까지 알맞은 효과를 적용해보자.

'대표 장면전환 효과' 카테고리에는 겹침, 페이드(컬러), 줌 아웃 효과가 있다. 네이버 국어사전에 의하면, 페이드 효과란 영상 분야에서 서서히 영상이 엷어져서 소멸되거나 나타나는 현상을 가리킨다. 컬러는 페이드 색상 버튼을 클릭하여 내가 원하는 색상으로 변경 가능하다.

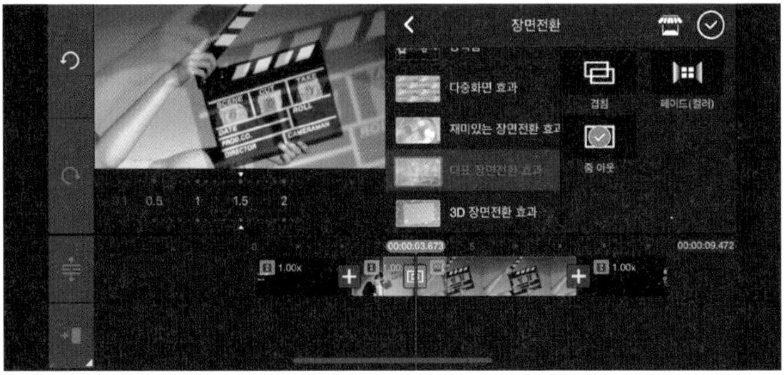

저자는 앞에서 잠깐 언급한 사진을 이어 붙여 영상화하는 편집 작업에서 프레젠테이션 효과를 사용하기보다는 줌 아웃 장면 전환 효과를 적절하게 사용하여 편집하는 것을 선호한다. 이와 같은 방법의 화면 전환은 예를 들어 예식장 또는 돌잔치에서 신랑, 신부의 데이트 영상 및 아기의 성장 동영상을 떠올리면 이해하기 쉽겠다.

컷 편집할 때 이것만은 주의하자!

(1) 한 컷당 평균 3~4초가 적당하다.

특별한 이유와 의도가 있지 않다면, 한 컷당 평균적으로 3~4초 단위로 편집하는 것이 일반적인 편집에 해당한다. 이와 관련해서 흔히 '커팅 감'을 익히는 연습을 할 때에는 '뉴스'를 시청하기 바란다. 뉴스는 영상 문법을 가장 잘 지키는 영상 포맷 중 하나이기 때문이다. 이전에는 뉴스를 그냥 시청했더라면, 이 책을 읽고부터는 당분간 뉴스를 볼 때 영상 화면이 바뀔 때마다 몇 초 정도 걸리는지 세어 보면서 뉴스를 시청하자. 지금까지 영상을 다소 수동적인 자세로 시청하면서 미디어를 흡수했다면 앞으로는 조금 더 적극적인 자세와 제작자의 시각에서 영상을 바라보아야 한다.

(2) 영상 커팅 시 내가 생각했던 길이보다 조금 더 자른다고 생각하자.

저자는 대학에서 영화를 전공했다. 학창시절을 돌이켜 보면 아무래도 내가 전달하고 싶은 메시지와 공들여 촬영한 한 컷 한 컷이 너무나도 소중했으며, 연출자의 의도가 조금이라도 더 잘 전달되길 바라는 마음에 편집 시 객관성을 잃고 컷당 길이를 다소 길게 편집하는 경우가 잦았다. 저자를 포함해서 다른 학우들 또한 이와 같은 실수를 자주 범한다. 한편으론 아마추어 연출자가 편집까지 겸할 경우 어쩔 수 없는 것 같기도 하다. 그런데 영상 제작 특히 편집 강의를 많이 다니면 다닐수록 일반인 수강생들도 이와 같은 실수를 많이 한다는 걸 느낄 수 있었다. 그때마다 저자는 수강생들에게 "내가 생각하고 있는 호흡보다 적어도 반템포는 빠르게 커팅해보세요."라고 말한다. 수강생들은 저자가 말한 시점에서 반템포 빠른 커팅을 해도 메시지 전달에 전혀 문제가 없음을 그 자리에서 바로바로 깨닫게 된다. 이렇게 한 컷당 반템포씩만 줄여도 전체 편집 시간으로 따져보면 꽤 많은 시간을 줄일 수 있다. 편집을 하면 할수록 추가하는 것보다 빼는 것이 훨씬 더 어렵다고 느낄 수 있는데, 이를 느끼는 순간 영상 편집 고수의 길로 제대로 가고 있음을 알았으면 좋겠고, 더욱 정진하기를 바란다.

(3) 화면 전환 효과는 최대한 넣지 않을수록 '전문가'스럽다.

키네마스터에서는 정말 다양한 화면 전환 효과와 클립 그래픽을 제공한다. 편집을 배우는 초보 단계에서는 다양한 효과들을 적용하며 나의 편집 스타일을 찾고 편집 능력을 훈련하는 것이 좋지만, 어느 정도 단계에 올라갔다고 생각할 때에는 과감하게 효과들을 빼는 훈련을 해 보기를 바란다. 사실 아무 효과 없이 영상 한 컷, 한 신으로 시청자들에게 울림을 주고 기억에 남는 영상을 만드는 일이 쉽지만은 않다. 그러나 연습하는 자를 못 이기는 만큼 지속해서 많은 효과를 넣어보고 또 빼면서 작업하다 보면 어느 순간 효과들을 자유자재로 사용하며 편집하고 있는 나의 모습을 확인할 수 있을 것이다. 더불어 꼭 그렇게 되기를 진심으로 바라고 응원한다.

KINEMASTER

CHAPTER 3

영상 편집의 꽃, '자막'

★★★★★

자막의 종류

자막은 영상을 편집할 때 중요한 것 중 하나라고 말할 수 있다. 그 이유를 일상생활 속에서 찾아볼 수 있는데, 대표적인 예로 출퇴근할 때나 약속 장소에서 누군가를 기다릴 때 등 지루한 시간을 이용하여 영상을 시청하고자 할 때, 만약 이어폰이 없어 소리를 못 듣는 경우에도 무리 없이 영상을 시청할 수 있게 해주는 도구가 바로 '자막'이다. 이러한 이유로 나의 채널 영상 시청 시간 및 조회수를 늘리려면 영상, 사운드도 물론 중요하지만 자막도 필수이며, 그렇기에 가장 중요한 것 중 하나가 자막이라고 감히 말할 수 있겠다.

자막은 크게 두 가지로 나눌 수 있다. 첫 번째는 우리가 영화에서 많이 봐 왔던 것으로 말소리에 따라 입력하는 '말자막', 두 번째는 무한도전 등 예능 프로그램에서 재미 요소를 배가하기 위해 사용하는 '효과자막'이다.

어도비 프리미어 프로, 파이널컷, 베가스 등 PC 영상 편집 프로그램으로 자막 편집을 할 때 '말자막'은 키네마스터 못지않게 쉽게 넣을 수 있지만, '효과자막'은 프리미어 프로는 '에프터이펙트', 파이널컷은 '모션' 등 별도의 프로그램을 활용하여 애니메이션 효과나 이미지를 만들어줘야 하는 번거로움이 있다. 키네마스터에서는 에셋 스토어를 활용하여 보다 간편하고 쉽게, 하지만 퀄리티는 PC 못지않게 만들어 낼 수 있다.

자막 넣기

자막을 넣기 전 가장 먼저 해야 할 것은 바로 타임라인바를 자막이 시작되는 시점에 갖다 놓는 일이다. 다른 곳에 갖다 놓으면 순서를 다시 바꿔줘야 하기 때문이며, 자막을 포함한 모든 편집을 할 때 가장 먼저 해야 하는 중요한 행동이다. 타임라인바를 알맞은 위치에 갖다 놨다면 이제 자막을 넣어보자.

(1) 말자막 넣기

말자막을 넣으려면 우선 조그셔틀 버튼에서 '레이어'를 터치한 후 '텍

스트'를 선택한다.

그럼 텍스트를 입력하는 화면과 함께 키보드가 나오는데 입력하고자 하는 텍스트를 입력한 후 우측 상단의 체크 버튼을 클릭한다.

체크 버튼을 클릭하면 타임라인에 노란색으로 표시됨과 동시에 영상 가운데에 자막이 올라간 걸 확인할 수 있다.

이제 자막의 위치와 크기를 조절해보자. 말자막의 경우 영화에서 간혹 오른쪽 세로로 길게 위치하는 경우도 있는데 보통의 유튜브에서는 가운데 하단에 위치하기 때문에 해당 위치로 이동시키고 적절한 크기로 조절해보도록 하겠다.

우선 타임라인에서 수정할 자막을 터치하거나, 왼쪽 화면창에서 자막을 터치하는 두 가지 방법 중 하나를 택하여 자막을 선택한다. 그러면 자막 테두리로 점선이 생성되고 점선 우측 상단과 하단에 각각 아이콘이 표시된 것을 확인할 수 있다. 상단 아이콘은 자막 회전 도구, 하단 아이콘은 자막 크기 조절 도구이다. 위치 조정은 화면창에서 자막을 누른 상태로 옮기고 싶은 위치로 옮겨주면 된다. 그런 다음 크기 조절 아이콘을 이용해 알맞은 사이즈로 조절해준다.

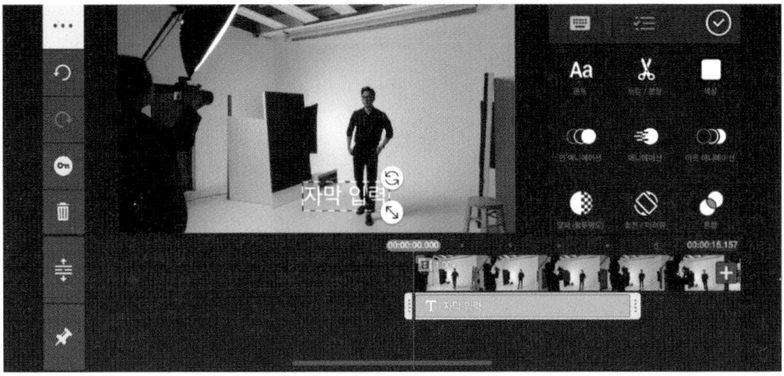

자막을 아래로 또는 다른 위치로 옮기다 보면 한쪽으로 약간 치우쳐 정확히 화면 중간에 맞지 않는 경우가 있는데 이왕이면 깔끔하게 맞춰 주는 것이 좋으니 이 방법을 사용해보자. 우선 자막 클립을 선택 후 화면 왼쪽 상단에 보이는 점 3개 아이콘을 터치하면 '복제, 화면 수평 가운데, 화면 수직 가운데'와 같이 총 3개의 메뉴가 나오는데 그중 '화면 수평 가운데'를 선택하면 해당 자막이 정확히 화면 중간에 맞아 들어가는 걸 확인할 수 있다.

위치 조정과 크기 조절을 완료했으면 자막의 글꼴을 바꿔줘야 하는데 자막을 선택한 후 오른쪽에 나오는 아이콘들 중 'Aa' 아이콘을 선택한다.

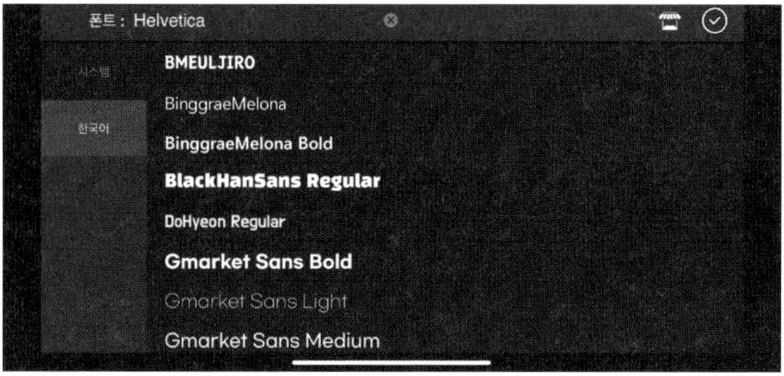

기본으로 제공하는 글꼴 외에 다른 글꼴을 선택하고자 하는 경우 에셋 스토어에 한국어를 포함한 다양한 언어의 글꼴들이 존재하니 취향에 맞게 에셋 스토어에서 다운로드하여 사용하면 된다.

TIP

말자막의 경우 처음부터 끝까지 같은 형식(글꼴, 크기 등)으로 하는 게 좋다. 영상 클립을 늘릴 때처럼 자막을 노란색으로 표시되게 선택한 후 클립 오른쪽 점 세 개를 누른 후 앞선 이미지처럼 영상 끝까지 끌어준 뒤 중간중간 말이 바뀔 때마다 컷 편집을 할 때처럼 자막도 컷하여 사용해주면 편집 시간을 훨씬 줄일 수 있다.

(2) 효과자막 넣기

효과자막의 삽입, 위치 및 크기 조절, 글꼴 변환은 말자막과 순서가 같다. 효과자막은 말자막과 달리 애니메이션 효과와 말풍선, 화염 등 각종 이미지들을 텍스트와 함께 쓰는 것이 특징인데 우선 애니메이션 효과를 함께 적용해보자.

편집하고자 하는 자막 클립을 선택하면 오른쪽 메뉴에 인 애니메이션, 애니메이션, 아웃 애니메이션 아이콘이 보이는데 '인 애니메이션'은 자막이 시작될 때 적용되는 효과, '애니메이션'은 자막 재생 중간에 적용되는 효과, '아웃 애니메이션'은 자막이 사라질 때 적용되는 효과라고 생각하면 된다.

우선 인 애니메이션을 보면 페이드, 닦아내기, 확대 등 다양한 효과들을 확인할 수 있으며 본인이 원하는 효과를 선택해준다.

예를 들어 페이드 효과를 터치하면 위의 이미지에서 볼 수 있듯이 효과 없음일 때는 보이지 않았던 다이얼이 생성된다. 애니메이션 효과의 지속시간을 조절해주는 다이얼로 짧게 또는 길게 원하는 시간으로 설정해주면 된다. 애니메이션, 아웃 애니메이션도 같은 방법으로 설정해주면 된다.

스티커를 이용하여 자막과 함께 효과자막을 입혀주고 싶은 경우 먼저 에셋 스토어에서 스티커 메뉴에 들어가 원하는 스티커를 다운로드한다.

그런 다음 레이어에서 스티커 메뉴를 선택하여 들어간 뒤 자막과 다운로드한 스티커를 함께 사용하면 된다.

눈에 띄는 자막 효과

자막을 넣긴 넣었는데 밋밋한 느낌을 버릴 수 없다면, 자막에 다양한 효과를 넣어서 눈에 띄게 만들어보자.

수정하고자 하는 자막을 선택해준 뒤 나오는 오른쪽 아이콘을 아래로 내려 보면 T라고 쓰인 4개의 아이콘들을 확인할 수 있다. 그중 첫 번째에 있는 윤곽선은 글자에 윤곽선을 넣어 자막이 영상에 묻히지 않고 눈에 잘 띄게 해주는 효과이다.

1. 적용 옆 스위치를 눌러주면 기존 자막에 윤곽선이 생기게 되고 2. 밑에 사각형을 선택하면 윤곽선 색상을 변경해줄 수 있다. 윤곽선이 너무 굵거나 얇아서 조절해주고자 할 때 3.두께라고 표시되어 있는 스크롤을 좌우로 옮겨주면 원하는 굵기로 설정해줄 수 있다.

TIP

더 잘 보이게 해주고 싶어 윤곽선을 15 이상 굵게 할 경우 오히려 눈에 더 안 띄는 역효과를 가져오므로 최대 15 정도로만 설정해준다.

두 번째에 있는 그림자 효과는 윤곽선과 마찬가지로 적용 스위치를 눌러주면 그림자가 적용된다. 두께만 있었던 윤곽선과 달리 거리, 각도, 퍼짐, 크기 총 4개의 스크롤들이 나오는데 하나씩 스크롤을 옮겨가며 원하는 그림자의 모양을 만들어주면 된다.

세 번째에 있는 글로우 효과는 효과자막에 많이 사용하는 것으로 자막에 네온사인과 같이 글자 주변으로 빛이 퍼지는 효과를 만들 수 있다.

지금까지 살펴본 3개의 도구는 취향에 따라 말자막에 사용하기도 하지만 역효과가 날 수 있기 때문에 주로 효과자막에만 사용한다.

마지막으로 배경의 경우 말자막에 사용하는 효과인데 배경 아이콘을 선택한 후 적용 스위치를 눌러주면 자막 글자 수와 크기에 맞게 배경이 쓰인 걸 확인할 수 있다. 적용 아래에 있는 사각형을 클릭하면 마찬가지로 배경 색상을 바꿀 수 있는 메뉴가 나오며 원하는 색상으로 선택하여 준다. (보통은 흰 글씨에 검정 배경을 가장 많이 사용한다.)

마지막으로 하단에 있는 '화면 폭에 맞추기' 스위치를 켜주면 메뉴 이름과 같이 화면 폭에 맞게 배경이 쓰였음을 확인할 수 있는데, 이렇게 설정해주면 조금 더 자막이 눈에 잘 들어오는 효과를 만들 수 있다.

움직이는 자막

인기 유튜브 채널인 와썹맨, 워크맨 등을 시청한 적이 있다면 어떤 사물이나 인물의 움직임에 따라 자막도 함께 움직이는 편집 효과를 본 기억이 날 것이다. 이런 효과를 '키프레임' 효과라고 한다. 어도비 프리미어 프로, 파이널컷 등 PC 영상 편집 프로그램으로 적용하려면 소위 말해 노가다(?)가 필요한 작업인데 키네마스터에서는 아주 간편하고 빠르게 작업할 수 있다.

키프레임 작업을 진행하려면 먼저 움직임을 넣고자 하는 자막이 어느 시점까지 재생될 것인지 체크한 후 해당 시간까지 자막을 늘려줘야 한다.

그다음에는 자막 시작 부분으로 타임라인을 옮겨 놓고, 자막의 위치를 함께 이동했으면 하는 피사체로 이동시킨다. (필자는 인물에 맞추었다.)

이제 키프레임을 적용해서 타임라인을 우측으로 넘겨가며 프레임별로 자막을 이동시켜주면 되는데, 자막이 선택된 상태에서 좌측 메뉴들을 보면 열쇠 모양의 아이콘이 보일 것이다.

열쇠 모양 아이콘을 클릭하면 우측에 도넛 모양 아이콘을 비롯한 다

양한 메뉴들을 확인할 수 있다.

이를 건너뛰고 바로 타임라인을 넘겨가며 자막 위치를 이동할 때처럼 자막을 피사체 움직임과 동일하게 프레임별로 이동시켜주면 타임라인의 자막 클립에 이동한 시점에 맞추어 위 이미지처럼 빨간색 점이 표시되는데 키프레임이 완성된 것이다. 이렇게 자막이 재생되는 마지막 지점까지 반복해서 마무리한 후 처음부터 재생해 보면 와썹맨, 워크맨에서 봤던 것처럼 자막이 피사체와 함께 이동하는 모습을 확인할 수 있다.

TIP

키프레임을 활용하는 영상 편집의 비밀(Feat. 레이어)

앞선 설명처럼 자막만 키프레임을 활용하여 이동시키는 것이 아니라 사진, 영상, 스티커 등 다른 소스들도 원하는 움직임으로 만들어낼 수 있다. 주의할 점은 키프레임을 적용하고자 하는 소스의 경우 조그셔틀에서 미디어 버튼을 통해 불러오는 것이 아니라, '레이어' 버튼에서 불러온 소스만 적용 가능하니 이를 참고하길 바란다.

포토샵을 해 본 사람이라면 레이어 개념을 이해하고 있을 텐데, 레이어란 말 그대로 '층'이라는 의미이며 레이어를 쌓는다는 것은 영상 편집에서 OHP 필름지를 한 장 한 장 겹친다는 의미로 해석하면 이해가 더 빠를 것이다.

예를 들자면, 처음 미디어를 통해 불러온 영상 소스가 바닥에 고정되어 있는 배경이며, 그 위에 자막이라는 필름지를 올리고 또 그 위에 스티커 등 수많은 필름지들을 쌓아 하나의 영상을 완성하는 것이다. 그러므로 고정되어 있는 배경은 움직일 수 없고 필름지인 레이어만 이동시킬 수 있다.

KINEMASTER

CHAPTER 4

영상 분위기를 책임지는 오디오 편집

★★★★★

오디오 브라우저 기초 매뉴얼 살펴보기

이번 장에서는 오디오 편집에 대하여 알아보려 한다. 오디오 편집을 시작하려면 우선 불러온 영상 파일을 클릭하고 편집을 활성화한 후 다음 이미지에서 볼 수 있듯이 여러 편집 버튼 중 오디오 추출 버튼을 클릭하여 영상 속에 포함되어 있던 오디오 클립을 분리해야 한다.

그렇게 하면 오디오 클립은 파란색으로 분리됨을 확인할 수 있다.

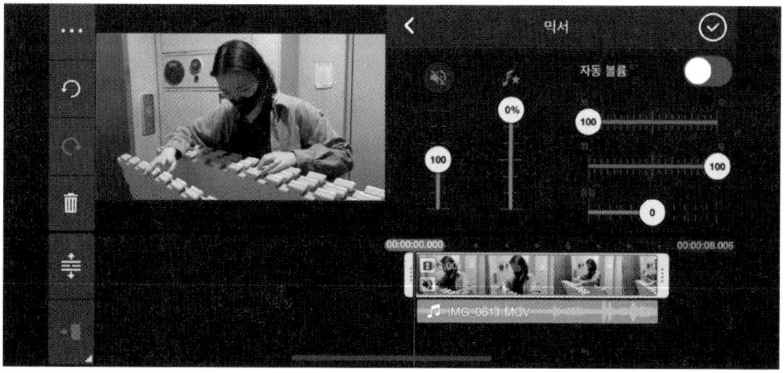

이후 믹서 버튼을 클릭하면 이런 화면이 나타나는데 자동 볼륨 체크는 되도록 안 하는 것이 좋고, 보통 기본 음량은 이 화면에 나타난 것처럼 설정하는 것을 추천한다. 물론 녹화된 오디오의 음량이 듣기 불편하다면 적절하게 조율하자.

이퀄라이저 효과는 AM 라디오, 저음 보강, 저음 감소, 힙합, 재즈, 자연스러운, 팝, 알앤비, 록, 고음 보강, 고음 감소, 보컬 보강 등이 포함된다. 오디오 효과들의 경우 버튼들을 하나씩 미리 체크하여 들어본 뒤 필요에 따라 사용하기를 추천한다.

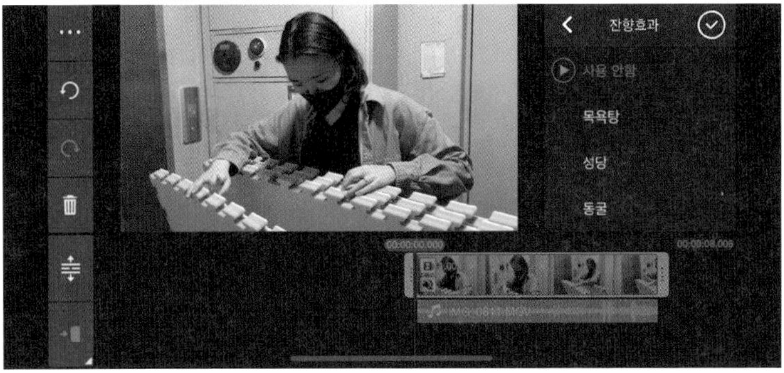

잔향 효과에는 목욕탕, 성당, 동굴, 경기장, 교회, 콘서트 홀, 에코룸, 홀 딜레이, 스프링 리버브, 스튜디오 등이 있다. 저자는 스튜디오 효과를 종종 사용하는 편인데 미세한 차이라고 느낄 수도 있지만 꼭 하나씩

확인해보길 바란다.

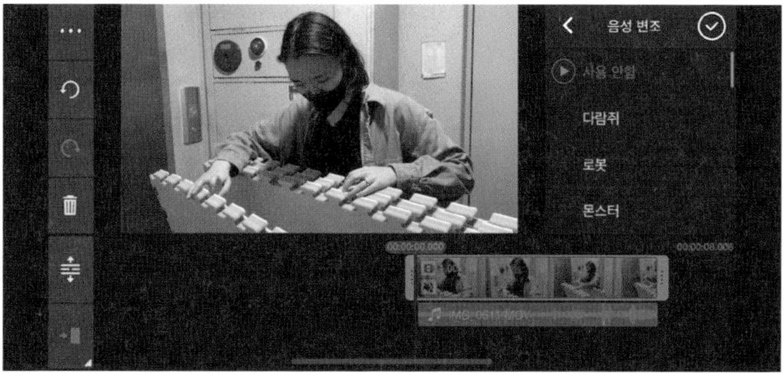

음성 변조에는 다람쥐, 로봇, 몬스터, 떨림, 이중인격, 외계인, 코러스, 혼란, 으르렁, 악당, 익스트림 에코, 슬라이스, 재미, 아이, 남자, 라디오, 컴퓨터, 블랙홀, 두 목소리, 여자가 있는데 예능 편집 시 적절하게 효과들을 적용하여 편집하면 꽤나 흥미로운 장면들을 연출할 수 있다.

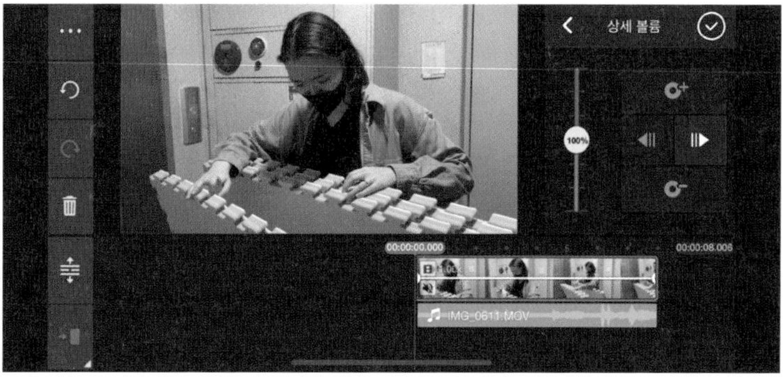

마지막으로 가장 중요한 편집일 수 있는 상세 볼륨 편집을 살펴보려

한다. 상세 볼륨 편집은 오디오 편집의 핵심이라고도 할 수 있다. 흔히 영상이 재생될 때 시작하는 부분에서 서서히 음량이 올라가고 끝나는 부분에서 자연스럽게 음량이 작아지는 효과를 느낄 수 있는데, 이러한 효과를 가능하게 해주는 것이 상세 볼륨 효과이다. 상세 볼륨 효과에서 우측 상단 동그라미에 플러스 표시가 된 버튼을 클릭하면 다음에 오는 이미지처럼 내가 수정하고 싶은 부분들에 점을 찍을 수 있다. 이후 내가 적용하고자 하는 음량 편집들을 실행시키면 이전보다 조금 더 매끄러운 오디오를 들을 수 있다.

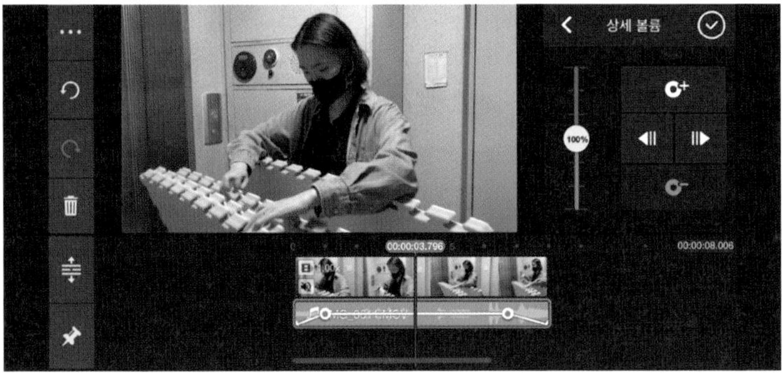

오디오 편집을 할 때는 이어폰보다는 헤드폰을 착용하는 것이 훨씬 더 좋고, 반드시 기본 음량은 중간에 놓고 편집을 시작해야 한다. 어지러운 영상은 10초까지 볼 수 있지만, 시끄러운 소리는 10초 듣기가 불가능할 수 있음을 명심하고 오디오 편집에 임하자.

오디오 에셋 스토어 활용법

앞서 키네마스터의 큰 장점 중 에셋 스토어의 다양성을 언급했었다. 특히나 저자가 생각하는 키네마스터 애플리케이션의 가장 큰 무기인 오디오 에셋 스토어를 함께 살펴보자.

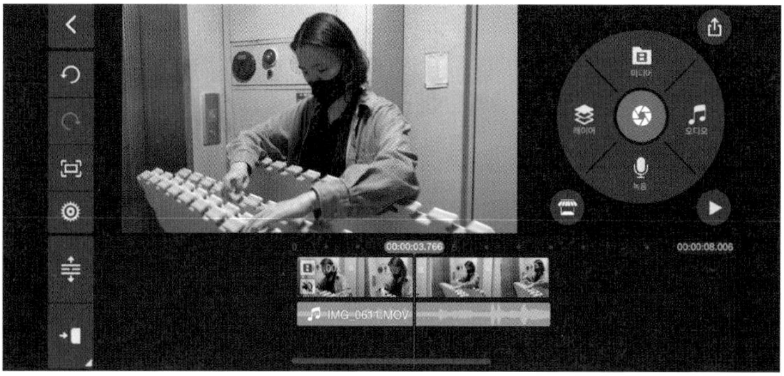

일단 앞에서 살펴보았던 기초 매뉴얼들이 아닌 오디오 버튼을 클릭하여 배경음악을 불러오는 것에 초점을 맞추어 보자.

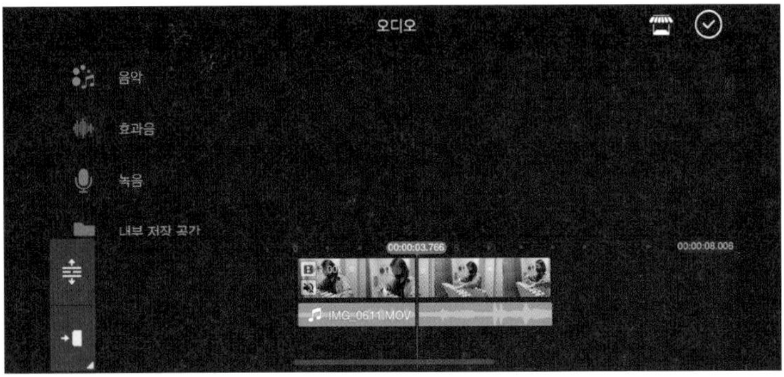

오디오 버튼을 클릭하면 (아이폰 기준) 우측 상단에 집 모양 버튼이 보이는데 이를 클릭하여 스토어로 이동한다.

오디오 카테고리에는 일렉트로니카, 팝, 알앤비/소울, 만화&재미, 음악효과, TV&전자제품, 음악, 효과음이 포함되어 있다. 저자는 평소 브이로그 영상 콘텐츠 편집을 할 때 키네마스터를 정말 많이 사용하는 편인데, 에셋 스토어에서 제공하는 음악들을 활용하면 저작권 걱정 없이 손쉽고 편리하게 음악을 사용할 수 있어 편리하다고 느낀다. 사실 영상을 많이 만들면 만들수록 영상 소스 자체는 내가 직접 촬영하여 저작권 걱정을 덜 수 있으나, 음악 저작권을 해결하는 것이 까다롭게 느껴지는데 이와 같은 갈증을 에셋 스토어가 해결해준다고 생각한다. 에셋 스토어 오디오를 적극 활용해보자. 영상의 퀄리티가 올라갈 것이다.

내레이션 삽입하기

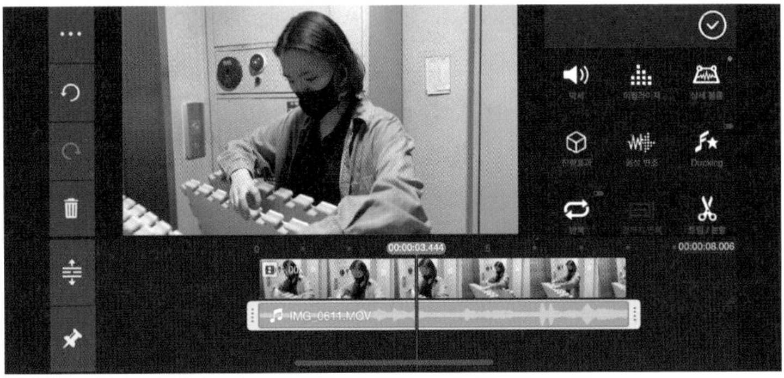

이번에는 키네마스터 자체에서 내 목소리를 바로 녹음하여 삽입할 수 있는 내레이션 즉 녹음 효과를 적용하는 방법을 알아보려 한다. 저자가 개인적으로 신선하다고 느꼈던 영상 콘텐츠가 있었는데, 바로 브이로그 영상 속 촬영자 본인이 나오는 화면들에 자신의 목소리를 자막 대신 삽입하여 편집 속도를 줄이고 영상에 재미까지 더한 것이다. 그럼 지금부터 녹음 효과를 적용하는 법을 배워 보자. 우선적으로 오디오 추출 버튼을 클릭하여 영상 속 오디오를 분리한 뒤 좌측 휴지통 버튼을 클릭하여 삭제한다.

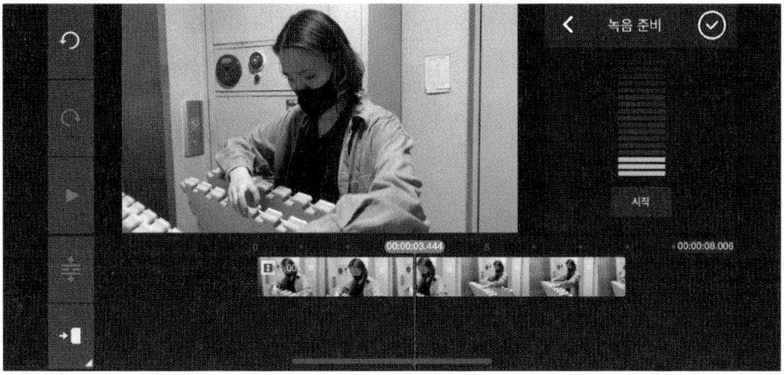

이후 키네마스터 타임라인 메인 화면에서 녹음 버튼을 클릭하면 화면의 오른쪽과 같이 녹음 준비가 활성화된다. 이제 시작 버튼을 클릭하여 내가 원하는 오디오를 녹음하면 된다.

녹음 버튼을 클릭하여 녹음할 때 위 이미지와 같이 활성화됨을 기억하자.

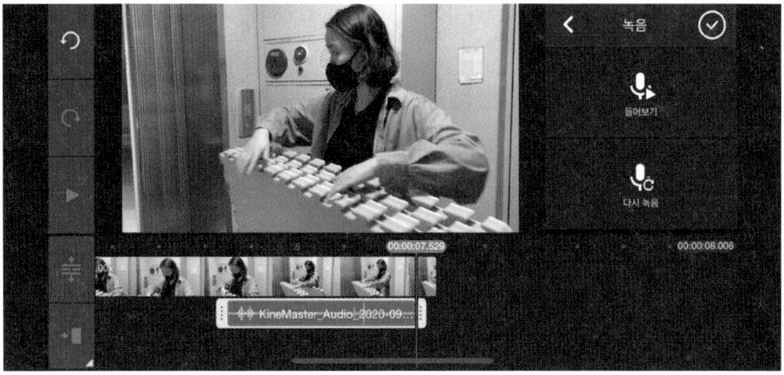

오디오 녹음이 끝나면 녹음된 오디오 클립을 들어볼 수 있는 들어보기 버튼과 다시 녹음할 수 있는 버튼이 활성화된다. 기본적으로 영상이든 오디오든 내가 적용한 효과를 다시 한번 체크하는 업무는 기본 중의 기본이므로 들어보기 버튼부터 클릭해보자.

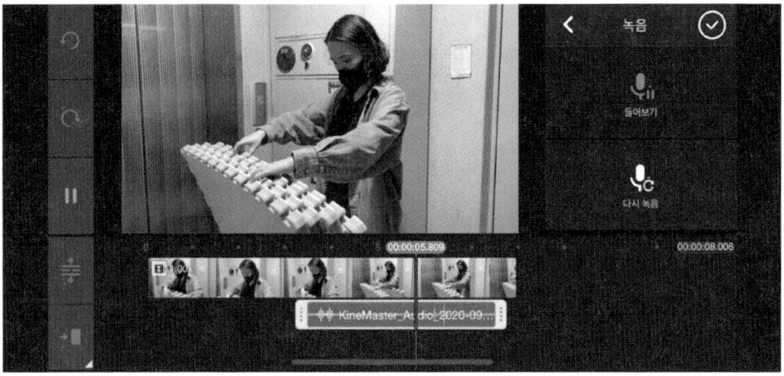

들어보기 버튼을 클릭하여 녹음했던 내레이션 파일을 확인하며 필요한 부분만 남긴다. 더불어 이전에 살펴보았던 다양한 오디오 효과 중 비디오 화면과 어울리는 효과를 잘 선택하여 적용한다. 특히 상세 볼륨 효과는 오디오 처음 시작 부분과 끝나는 부분에 되도록 설정하여 매끄러운 오디오 파일을 생성하자.

마지막으로 우측 상단 체크 표시를 클릭하여 수정한 오디오 편집을 마무리한다.

KINEMASTER

CHAPTER 5

유용한 키네마스터 효과 Top 4

★★★★★

초상권 보호를 위한 모자이크 삽입

개인 스튜디오나 방과 같은 독립된 공간에서 본인만 나오는 영상을 촬영할 경우에는 무관하지만, 브이로그나 여행 영상을 포함해 야외에서 촬영한 영상일 경우에는 다른 사람들의 모습이 내 영상에 꼭 담기기 마련이다. 이런 촬영물로 편집을 하고 업로드를 할 때, 촬영 전에 다른 사람들의 출연을 협의했다면 상관없지만 그렇지 않을 경우에는 편집 단계에서 반드시 다른 사람들의 얼굴에 전부 모자이크 처리를 한 후 업로드해야 한다. 그럼 모자이크를 삽입하는 방법에 대해 알아보자.

우선 모자이크를 입히려는 인물이 나오는 시점으로 타임라인바를 옮긴다.

조그셔틀에서 레이어 메뉴를 누른 후 효과를 선택한다.

그중 기본 효과에 들어가면 가우시안 블러, 모자이크 이렇게 두 가지가 나온다. 경계가 부드러운 모자이크를 입히려면 '가우시안 블러', 모눈 형태가 겹쳐져 경계가 거칠게 표현되는 것을 원하면 '모자이크'를 선택하

면 된다.

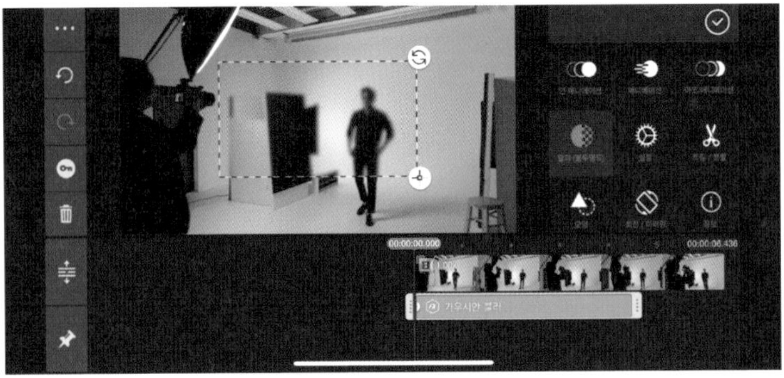

첫 번째로 가우시안 블러를 선택해보면 왼쪽 화면에 뿌옇게 모자이크 처리가 되고 오른편에는 인 애니메이션부터 다양한 메뉴들이 보인다. 애니메이션에 대한 설명은 앞에서 했으니 여기서는 알파(불투명도)부터 살펴보자.

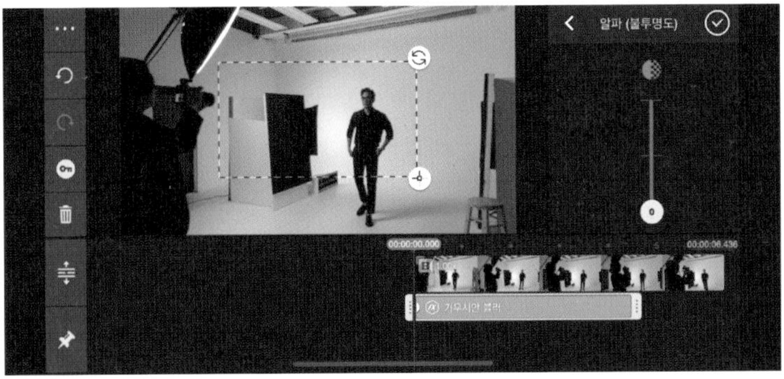

알파는 불투명도라는 말 그대로 모자이크의 투명도를 설정해주는 도

구이다. 알파를 누르면 100이라는 숫자와 함께 세로 방향의 스크롤이 보이는데 스크롤을 밑으로 내려줄수록 모자이크가 투명해지며 없어지는 것을 확인할 수 있다.

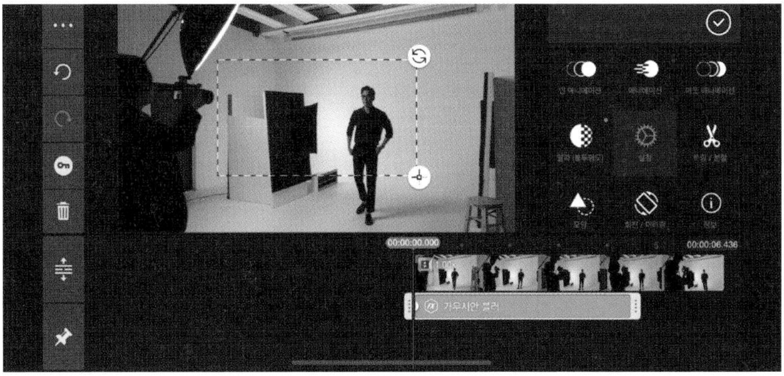

다음으로 설정 메뉴를 살펴보자. 설정은 모자이크의 진하기와 강도를 설정하는 도구이다.

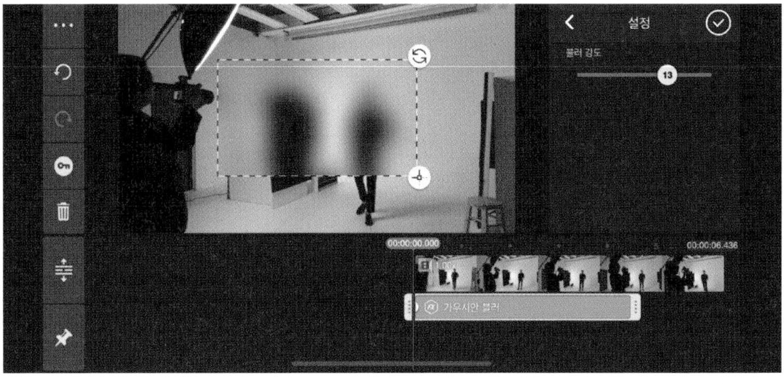

설정을 누르면 블러 강도라는 가로 방향의 스크롤이 나오는데 0에서

20까지 설정할 수 있으며 오른쪽으로 옮길수록(숫자가 커질수록) 점점 모자이크가 진해짐을 확인할 수 있다.

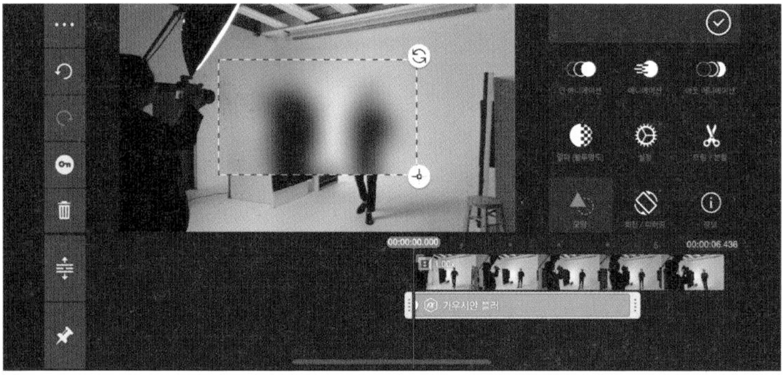

마지막으로 모자이크를 동그라미, 별 등 다양한 형태로 변경할 수 있고, 경계선을 명확하게 또는 부드럽게 설정해줄 수 있는 모양 메뉴를 살펴보자.

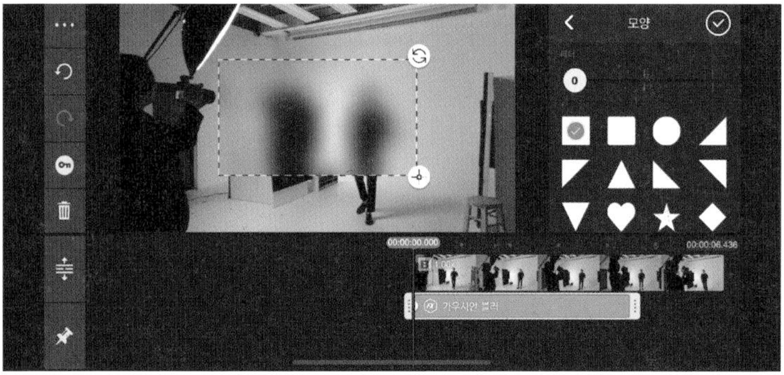

모양 버튼을 누르면 0으로 표시된 가로 방향의 스크롤과 그 아래 다

양한 형태의 도형들이 보인다. 우선 스크롤을 우측으로 옮기면 왼쪽 화면의 모자이크 경계선이 부드럽게 바뀐다. 다음으로 모자이크 모양을 변경해주고 싶다면 아래에 있는 도형 중 하나를 선택하면 된다.

지금까지 가우시안 블러에 대해 살펴봤는데 두 번째 메뉴인 모자이크 역시 같은 방법으로 진행하면 된다.

TIP

움직이는 사람들 모자이크는 어떻게 만들까?

모자이크의 강도와 모양까지 설정이 완료됐으면 움직이는 인물에 맞춰서 모자이크도 함께 움직이도록 설정해줘야 한다. 3장에서 살펴봤던 '키프레임'을 설정하여 프레임별로 모자이크를 움직여서 인물의 움직임에 맞춰주면 된다.

확대 및 축소 기능

이번 단계에서는 영상 재생 중 특정 부분만 일시적으로 확대하거나 축소 또는 점차적으로 확대하거나 축소해서 강조하고 싶은 내용을 표현할 수 있는 팬&줌 기능을 살펴보자. 첫 번째로 일시적으로 확대하거나 축소하는 효과를 적용해보자. 예를 들어 타임라인에 올려져 있는 영상 클립 중 러닝타임 10초~15초 부분만 확대해서 보여준다고 가정해보자.

그렇다면 우선 한 개의 영상 클립 중 트림/분할 도구를 통해 10초 부분과 15초 부분을 앞뒤로 분할하고 분할한 클립을 선택한 뒤 팬&줌 메뉴에

들어간다.

팬&줌 메뉴에 들어가면 이렇게 시작 위치, 끝 위치라고 표시된 이미지와 함께 오른편에는 = 아이콘이 나온다.

먼저 시작 위치의 이미지를 선택한 뒤 왼편 화면에서 확대하고 싶은 만큼 두 손가락으로 줌하여 확대 및 이동을 해준다.

완료된 후에 = 아이콘을 눌러주면 끝 위치도 같은 사이즈로 변경된다. 이 상태에서 영상을 재생해보면 분할된 부분만 일시적으로 화면이 확대 또는 축소되며 분할된 끝 지점까지 동일한 사이즈로 재생되는 것을 확인할 수 있다.

이제 점차적으로 영상 사이즈가 확대 및 축소되도록 만들어보자. 앞에서 했던 것과 같이 조절하고자 하는 부분의 영상 클립을 분할해준 뒤 마찬가지로 팬&줌 메뉴에 들어가 시작 위치를 선택한다. 예를 들어 처음에는 작은 사이즈로 재생되다가 점점 커지는 것으로 만들려면 시작

위치를 선택한 후 두 손가락을 이용하여 왼쪽 화면에서 영상 사이즈를 작게 줄여준다.

그리고 앞에서 했던 것과는 다르게 = 아이콘을 선택하지 않고 체크 표시를 눌러 적용해주면 재생 시 점차적으로 영상 사이즈가 커지는 효과를 눈으로 확인할 수 있다. 예시와는 반대로 점점 작아지는 효과 등 다른 효과를 주고 싶다면 앞의 방법을 응용하여 원하는 효과를 적용해 주면 된다.

색상 및 색조 효과

영상 제작 프로세스 중 가장 마지막 단계인 포스트 프로덕션 단계에서 색 보정이라는 과정을 거치게 되는데 각각 다른 클립의 컬러 톤, 색 온도를 균일하게 맞추는 작업, 또는 감독이 의도한 영상 콘셉트 및 분위기를 배가시켜주는 작업이다. 만약 본인만의 영상 톤을 만들고 싶거나 영상미를 더해 주고자 하는 경우 키네마스터 안에 있는 색상/색조 효과를 사용하면 되는데 지금부터 함께 살펴보자.

우선 첫째로 간단히 필터만 씌워 색 보정을 할 수 있는 필터 도구를 살

펴볼 텐데, 색 보정을 하려는 영상 클립을 선택한 후 메뉴 중 필터 아이콘을 눌러준다.

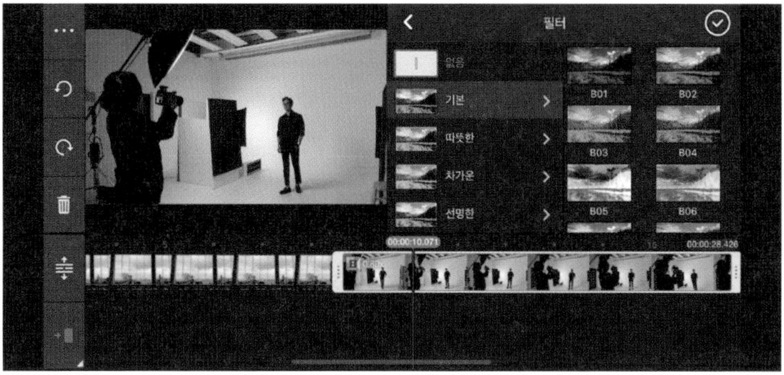

필터 메뉴에는 기본 설정인 없음부터 기본, 따뜻한 등등 다양한 필터들이 보인다. (참고로 기본 외의 필터들은 유료 구독자만 사용할 수 있다.) 기본부터 하나씩 살펴보면서 원하는 필터를 씌워 간단히 색 보정을 진행하면 된다.

이제 임의로 색 보정을 할 수 있는 조정 도구에 들어가보자.

조정 도구에 들어가면 밝기부터 대비, 채도 등 색 보정에 관한 다양한 메뉴들이 나오는데 메뉴별로 하나씩 살펴보자.

★ **밝기**: 영상 전체의 밝기 및 노출값 보정

★ **대비**: 영상의 연하기와 진하기를 보정

★ **채도:** 영상에 포함된 모든 색의 채도를 보정

★ **활기:** 키네마스터 자체 판단으로 채도가 낮거나 높다고 생각되는 부분을 보정

★ **온도:** 영상을 따뜻한 분위기 또는 차가운 분위기로 만들어주는 색 온도값 보정

★ **하이라이트:** 영상의 밝은 부분 노출값을 보정

★ **그림자:** 영상의 어두운 부분의 노출값을 보정

다음으로 게인, 감마, 리프트가 있는데 하이라이트, 그림자와 비슷하지만 이 둘보다 조금 더 디테일하게 노출값을 보정해주는 기능이다. 쉽게 설명하자면 게인은 밝은 영역/ 감마는 중간 영역/ 리프트는 어두운 영역의 노출값을 보정해주는 기능이라고 생각하면 된다.

마지막으로 색조는 특정 색상의 강약을 조절해주는 기능으로 좌측은

난색 계열, 우측은 한색 계열의 색상을 강조해줄 수 있다. 아래에 있는 '전체적용하기'를 누르면 영상 클립 전체에 같은 톤이 적용되니 이 점 참고하여 색 보정을 진행하면 된다.

페이드 인 & 아웃 효과

앞서 살펴본 모자이크, 특정 화면의 축소 및 확대, 색 보정 등의 효과들을 이용하여 영상을 더 재밌고 멋스럽게 만드는 것도 중요하지만, 마지막으로 놓치지 말고 적용해줘야 하는 효과가 바로 '페이드 인', '페이드 아웃' 효과이다. 이 두 효과는 영상과 사운드 모두에 적용되는 효과이다.

우선 영상 '페이드 인'은 영상이 시작될 때 '0초'에서 검정 화면으로 시작하여 점점 밝아지면서 설정한 효과 적용 시간, 예를 들어 3초로 적용했다면 3초부터 원래의 영상이 재생되는 효과이다. 사운드 페이드 인은 마찬가지로 처음에는 0%의 볼륨이었다가 점점 커지며 본래의 100% 볼륨으로 재생되도록 만드는 효과이다.

'페이드 아웃'은 '페이드 인'과는 반대의 효과인데, 영상의 경우 끝나기 몇 초 전부터 화면이 점점 어두워지며 검정 화면으로 종료되는 것이며 사운드의 경우 소리가 점점 작아지며 마지막에 0% 볼륨으로 끝나는 효과이다.

필자는 두 효과 중 특히 페이드 아웃이 더 중요하다고 보는데, 예를 들어 음악이 영상 러닝타임보다 길어 중간에서 커팅했을 경우 잘렸기 때문에 당연히 음악이 자연스럽게 작아지며 종료되는 것이 아니라 뚝 끊기며 부자연스럽게 끝나, 마무리가 부드럽지 못한 영상으로 보일 수가 있다. 그렇기에 페이드 아웃은 편집을 마무리할 때 필수로 적용해줬으면 하는 효과이다.

참고로 CHAPTER 4에서 살펴봤던 '상세 볼륨'으로도 이 두 효과를 적용할 수 있지만 훨씬 간편하게 적용하는 방법이 있으니 함께 살펴보도록 하자.

먼저, 어느 클립도 선택되지 않은 편집 메인 화면에서 왼편에 보이는 톱니바퀴 모양 버튼을 선택한다.

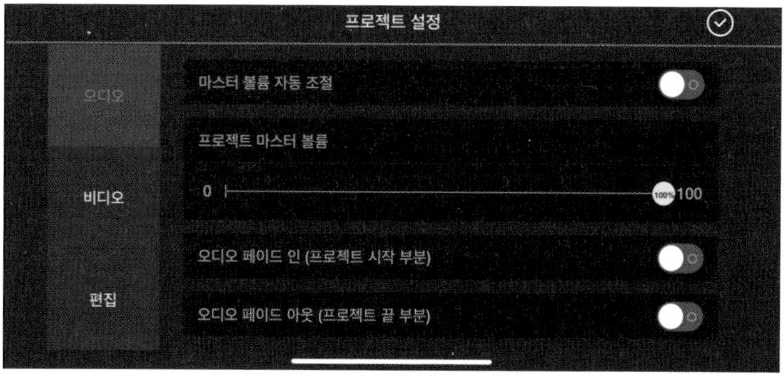

앞의 이미지처럼 오디오, 비디오, 편집 세 가지 메뉴가 왼편에 위치한 것을 확인할 수 있다. 우선 오디오 페이드 인 & 아웃 효과를 적용하기 위해 오디오 메뉴를 살펴보자.

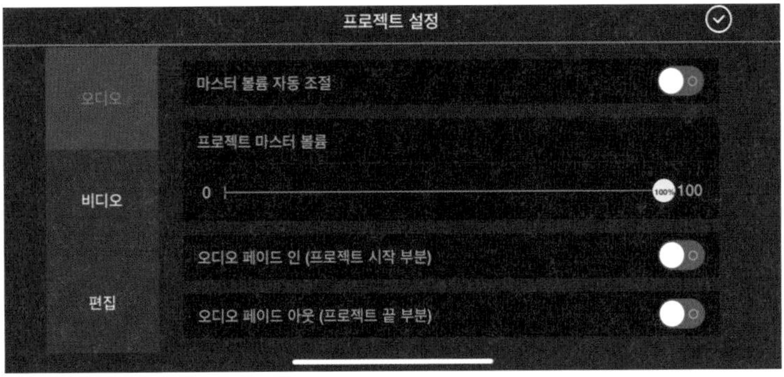

보이는 것과 같이 아래쪽에 '오디오 페이드 인', 그리고 '오디오 페이드 아웃'이 자리하고 있는데 오른편에 위치한 스위치 버튼을 오른쪽으로 이동시킨다.

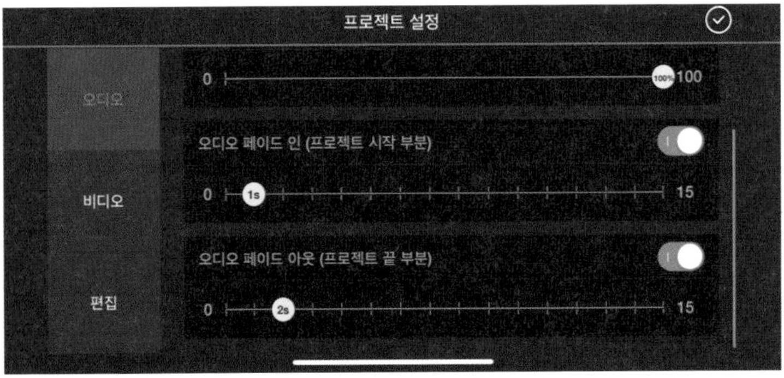

앞의 이미지처럼 0부터 15까지 숫자가 써 있는 라인이 나오게 된다. 라인 위에 위치한 원 아이콘은 페이드 인 & 아웃 효과의 적용 시간을 뜻하므로 영상 템포, 톤에 맞춰서 원하는 시간으로(초 단위) 옮겨준다.

다음으로 비디오에서 페이드 인 & 아웃을 적용하는 방법도 사운드와 크게 다르지 않은데 비디오 메뉴를 선택하여 살펴보자.

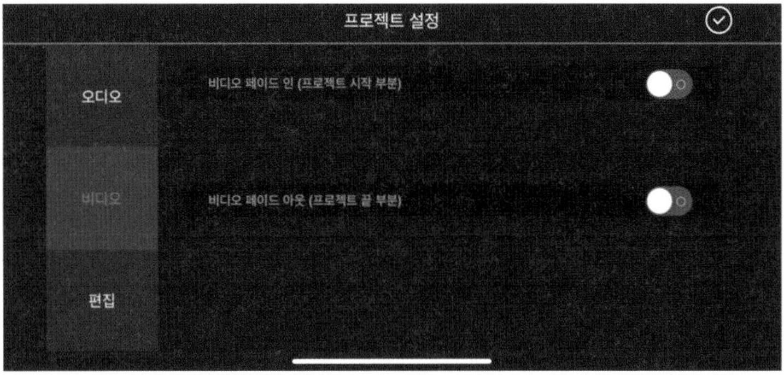

사운드에서 설정했던 것과 같은 메뉴가 나오는데 '비디오 페이드 인'과 '비디오 페이드 아웃' 역시 오른쪽에 위치한 스위치를 오른쪽 방향으로 옮겨서 스위치 온을 한다.

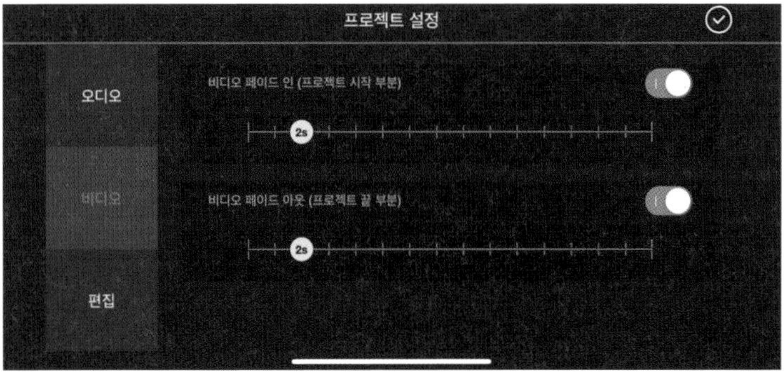

사운드에서와 마찬가지로 효과 적용 시간을 내 영상에 맞춰 설정한다.

페이드 인 & 아웃 효과를 모두 적용했다면 위쪽에 있는 체크 버튼을 누른 후 타임라인에서 영상을 재생시켜보면 효과가 잘 적용된 것을 확인할 수 있다. 영상의 콘셉트에 따라 이 효과를 적용하지 않을 수도 있지만, 매끄러운 영상으로 시작하고 마무리하고 싶을 경우 페이드 인 & 아웃 효과를 사용하도록 하자.

KINEMASTER

CHAPTER 6

키네마스터로 영상 편집 정복하기

★★★★★

KINEMASTER 1

마법의 크로마키 촬영 및 편집

〈어벤져스〉 또는 〈스타워즈〉 같은 영화의 메이킹 영상을 보면 배우들이 녹색이나 청색 스크린 배경 앞에서, 같은 색상의 쫄쫄이(?) 옷을 입고 연기하는 장면을 볼 수 있다. SF 영화에서의 우주처럼 실제로 연출할 수 없는 장면들은 후반 작업 단계에서 컴퓨터 그래픽을 입히는 등 합성으로 편집해야 하는데, 색상 차이를 이용한 크로마키 합성 기법을 이용한다.

크로마키는 색상 차이를 이용해서 빼내고 싶은 피사체와 배경을 분리하는 기법인데 사람에게서 가장 띄기 어려운 색상이 녹색과 청색이어서 이 색상들을 이용하여 기법을 적용한다. 대표적으로 뉴스 일기예보, 선거방송 등에서 많이 사용된다. 유튜브에서는 게임 영상을 보면 게임 화면 좌측 또는 우측 하단에 조그맣게 유튜버 얼굴이 함께 나오는 경우가 이에 해당한다.

먼저 키네마스터로 크로마키 기법을 적용하기 위해서는 위의 이미지와 같이 그린, 블루 스크린에서 촬영한 영상이 준비되어 있어야 한다.

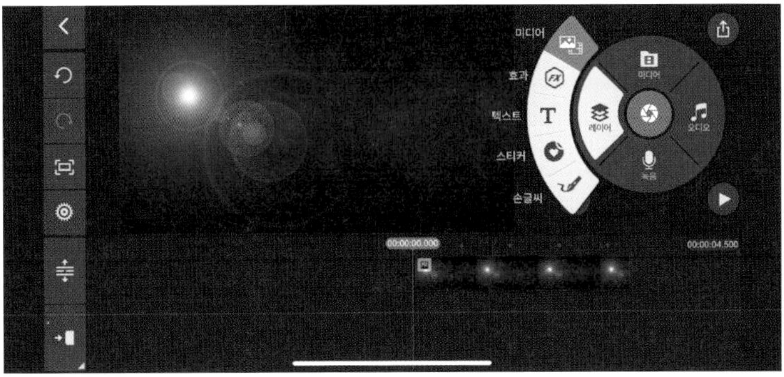

크로마키로 합성을 하기 위해선 합성이 될 배경사진이나 영상을 먼저 불러와야 하는데 매번 영상 소스를 불러왔듯이 미디어를 눌러 합성할 소스(사진 또는 영상)를 불러온다.

그리고 그린, 블루스크린에서 촬영한 영상 소스를 불러와야 하는데, 자막을 입힐 때와 마찬가지로 레이어에서 미디어 버튼을 클릭한 후 소스를 불러온다. 영상 위에 영상을 불러오는 것이기 때문에 꼭 레이어에 있는 미디어 메뉴를 이용한다. 불러온 영상을 놓고 싶은 위치에 배치한 후 사이즈를 알맞게 조절해준다. 필자는 화면 중심에 영상을 위치시켰다.

레이어를 통해 불러온 영상을 클릭한 후 메뉴를 살펴보면 사람 모양

이 그려진 크로마키 도구가 보일 것이다.

크로마키 도구를 클릭한 후 적용 버튼을 누르면 영상 속 그린 또는 블루였던 부분이 배경 영상과 함께 어울리며 합성이 되는 걸 확인할 수 있다.

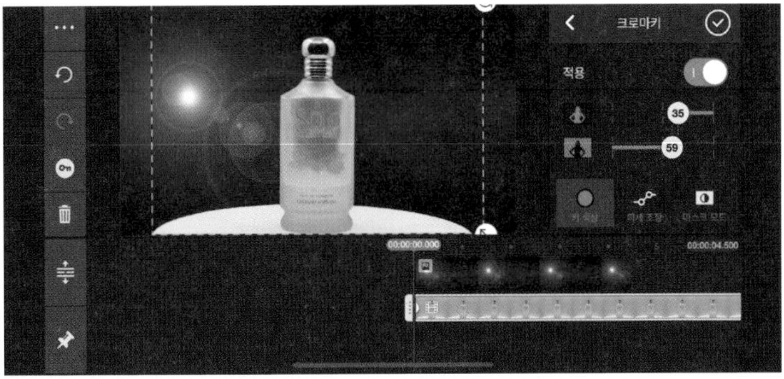

기본 키 색상은 초록색이므로 만약 블루 스크린에서 촬영한 경우 키 색상을 선택하여 팔레트에서 매칭되는 색상으로 바꿔주면 된다.

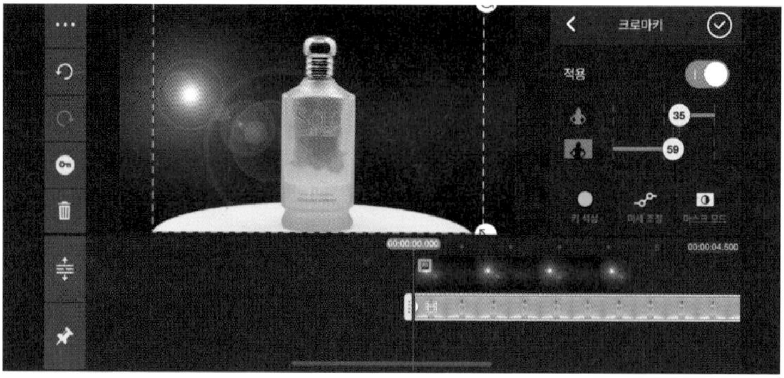

적용 버튼 아래에 보이는 사람 모양의 스크롤들은 배경과 피사체의 합성 정도를 변경해주는 도구인데 각자 상황에 맞게 적절히 조절하면 된다.

TIP

크로마키 배경에서 촬영할 때 그림자가 없게끔 조명을 사용하여 최대한 밝게 촬영해주어야만 합성이 원활히 진행된다.

뉴스처럼 영상 위에 영상을 넣고 싶을 때는?

TV에서 뉴스를 보다 보면 아나운서가 나오는 화면의 오른편 위에 조그맣게 또 하나의 화면이 나오는 경우가 있다. 꼭 뉴스와 같은 형식이 아니더라도 영상에서 소개하는 제품 또는 재미 요소를 강조해서 보여주고 싶을 때 영상 속에 영상을 넣은 형태로 편집을 하는데 키네마스터를 통해 이런 영상을 만들어보자.

먼저 메인 바탕이 될 영상 클립을 불러오는 게 첫 번째이며 이를 완료

했다면 영상 위에 올릴 영상을 불러올 차례인데, 크로마키를 진행했을 때와 마찬가지로 레이어 버튼을 누른 후 미디어를 선택해준다.

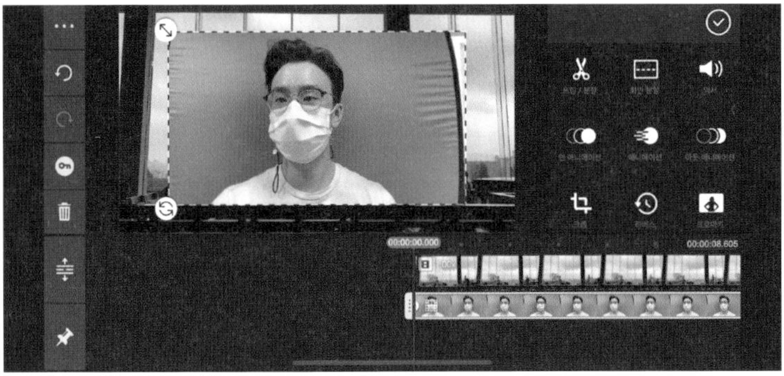

미디어를 선택한 후 처음에 영상을 불러올 때처럼 영상 위에 올릴 영상 소스를 불러오자. 그럼 자막과 같은 다른 레이어를 불러왔을 때처럼 바탕 영상 클립 위에 레이어처럼 영상이 쌓인 것을 확인할 수 있다.

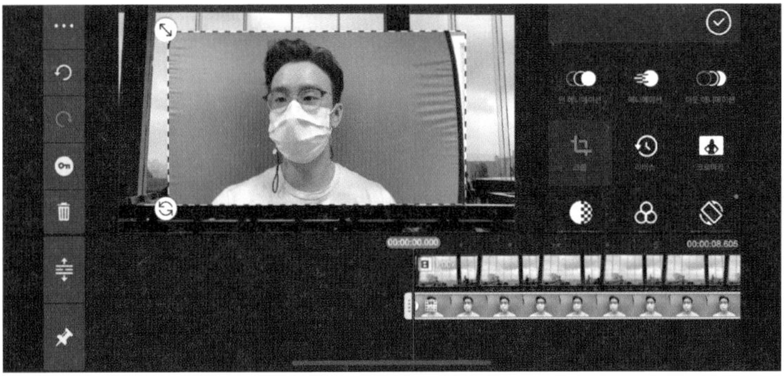

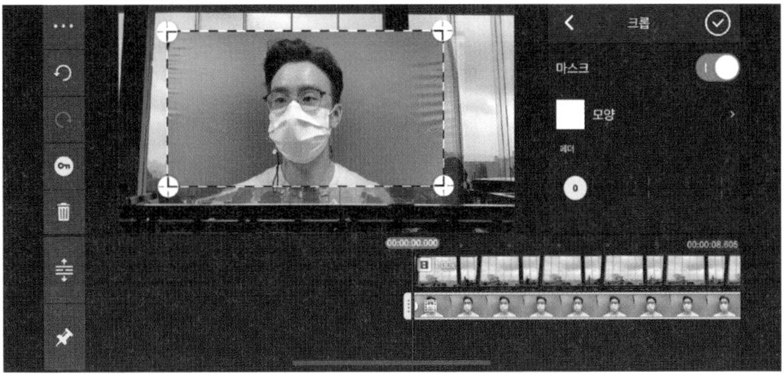

영상 일부만 잘라서 사용하고 싶은 경우 크롭 버튼을 누른 후 모서리에 나타나는 원형 아이콘을 눌러 사용할 만큼 조절하여 자르면 된다.

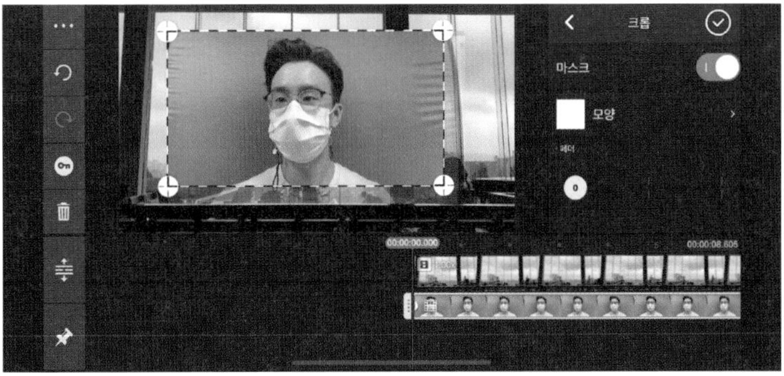

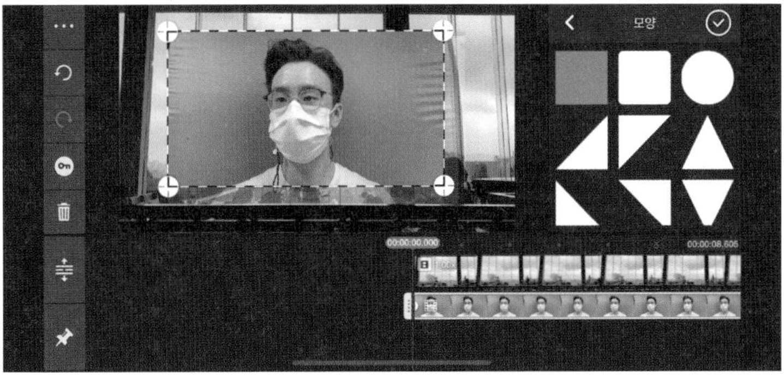

또한 앞의 두 이미지처럼 마스크 기능을 활성화하면 모자이크에서 모양을 변경했던 것처럼 모양 메뉴를 선택해서 불러온 영상의 모양을 변경할 수 있다.

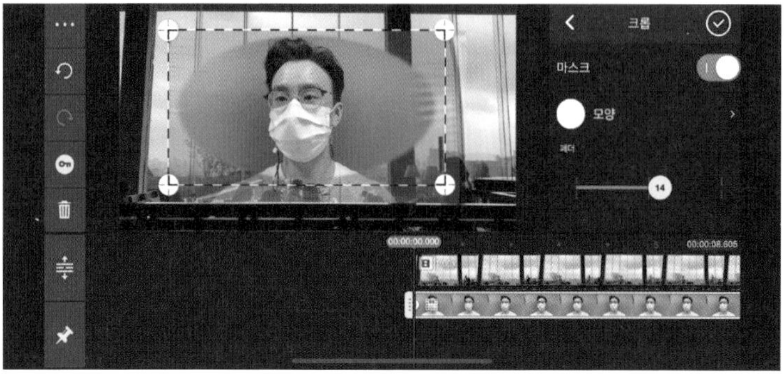

페더값을 조절해주면 경계선을 흐릿하게 또는 또렷하게 설정할 수 있다.

키네마스터로 썸네일 만들기

영상 편집을 완료하였다면 이제 썸네일만 작업해주면 업로드하기 위한 모든 작업은 끝이 난다. 썸네일은 이 영상이 어떤 내용인지를 미리 보여주는 이미지이다. 썸네일을 어떻게 만드느냐에 따라 내 영상의 조회수가 더 많아질 수 있으니 제목과 이미지 선정 등을 신경 써서 만들어보자.

썸네일 제작 중 첫 번째로 해 볼 것은, 썸네일이 눈에 더 잘 띄게끔 해주는 테두리 만들기이다.

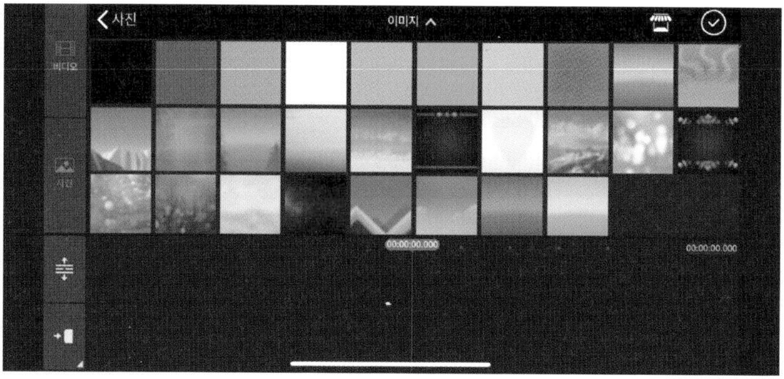

먼저 미디어를 누른 후 테두리가 될 단색 배경을 불러올 텐데, 아이폰

의 경우 사진 탭에서 이미지 메뉴를 선택한 후 원하는 색상을 선택해 준다. (원하는 색상이 없을 경우에는 나중에 색상 변경이 가능하므로 아무 색상이나 선택해보자.) 안드로이드의 경우 폴더 중 단색 배경 폴더를 선택하여 원하는 색상을 불러온다.

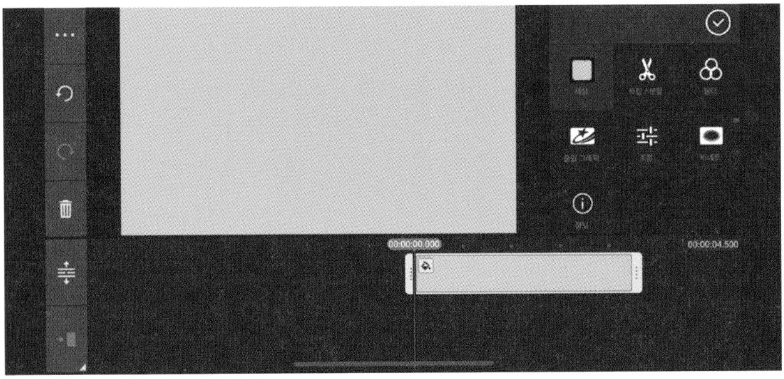

테두리 색상을 변경하고 싶은 경우 불러온 단색 배경 클립을 선택한 후 오른쪽 메뉴에서 색상 도구를 선택해서 원하는 색상을 지정하여 변경해준다.

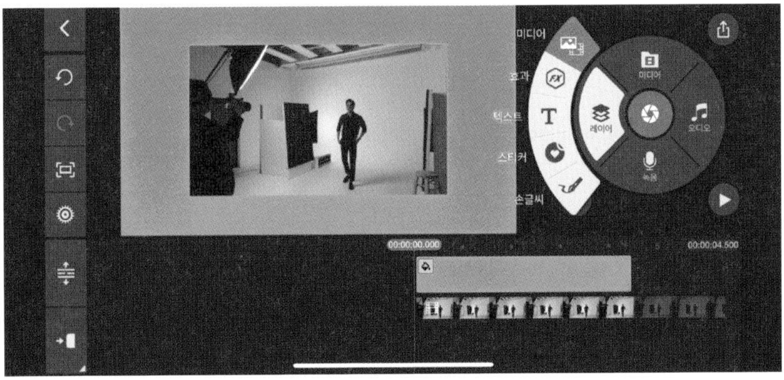

다음으로 썸네일 배경이 될 이미지를 불러올 차례인데 영상 속에 영상을 불러왔을 때처럼 레이어에서 미디어를 눌러 배경으로 사용할 사진을 불러온다.

* 썸네일용 이미지는 영상에서 캡처하는 것이 베스트이며, 16:9 비율을 사용해야 한다.

불러온 다음 상하좌우 비율을 보며 배경 이미지 사이즈를 조절하여 테두리 두께를 설정해준다.

이제 썸네일 제목을 입력할 차례인데 자막을 입력할 때처럼 레이어에서 텍스트를 눌러 제목을 입력한다. 만약 제목이 길어 두 줄로 배치할 경우 키보드에서 엔터 버튼을 눌러 줄 변경을 해준다.

제목을 입력했으면 원하는 위치에 놓고 좌측 또는 우측 정렬을 원할 경우에는 메뉴에서 텍스트 옵션을 선택한 후 정렬을 변경한다. 다음으로 자막에서 해 봤던 것과 같이 폰트, 윤곽선, 그림자를 사용해 제목을 예쁘게 만들어주면 끝이 난다.

마지막으로 저장을 해야 하는데 썸네일은 이미지이므로 영상을 저장할 때와는 다른 방법으로 저장해야 한다. 아무 클립도 선택되지 않은 상태에서 왼쪽 도구바를 보면 톱니바퀴 위에 아이콘이 보인다.

이 아이콘을 누른 후 나오는 메뉴 중 캡처 후 저장을 선택하면 화면이 반짝하며 갤러리에 이미지로 저장이 된다.

편집 시간 줄이는 핵심 Tip

첫째, 한 가지 편집 단계를 완벽하게 클리어한 뒤 다음 단계로 넘어가자.

초보자들이 편집할 때 가장 많이 하는 실수 중 하나가 클립 하나씩 컷 편집을 하고 자막을 넣고 그다음 클립을 컷 편집하고 자막을 넣고… 이런 식으로 가장 많이 하는데 이런 편집 방법의 경우 시간이 굉장히 많이 소요된다. 앞으로는 컷 편집을 할 경우에도 모든 클립들 전부 컷 편집을 완료한 후 자막 입히는 단계로 넘어가고, 자막도 끝까지 다 입혀준 뒤 색 보정 등 효과 적용 단계로 넘어가도록 하자.

둘째, 자막을 빠르게 입히자.

영상 편집을 할 때 가장 시간을 많이 할애하게 되는 부분이 바로 자막 편집이다. 그중 말자막을 입힐 때 말소리와 자막 간의 싱크 맞추는 것이 가장 큰 이유이지만, 자막을 계속해서 새로 만들어주는 실수를 범해 시간을 많이 낭비하기도 한다. 다음 방법을 보며 자막을 빠르게 입혀보자.

말자막 첫 번째 부분이 위 이미지처럼 폰트와 배경 모든 디자인이 잡혔다면, 자막 클립을 눌러 노란색으로 표시된 오른쪽의 점 네 개 부분을 누른 상태에서 오른편 영상 끝까지 늘려준다.

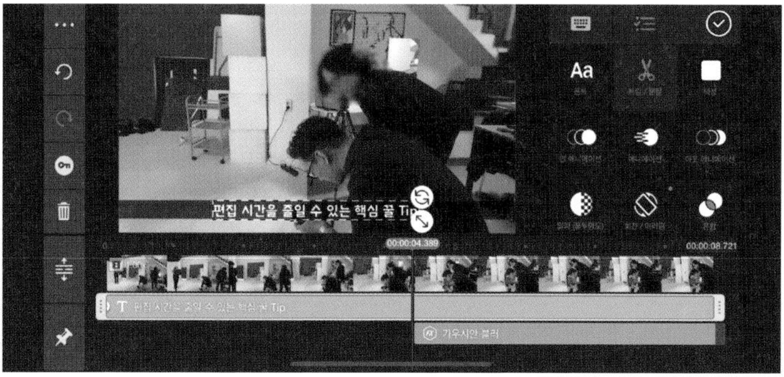

그리고 말이 바뀌는 시점에서 자막 클립 메뉴에 컷 편집 도구를 눌러 분할을 해준 뒤 위에 표시된 키보드 아이콘을 눌러 말에 맞게 텍스트를 변경한다. 말이 바뀔 때마다 매번 새롭게 자막을 만들지 말고 이런 방법을 사용하면 자막 입히는 시간이 많이 줄어들며 편집 시간도 줄어들게

된다.

셋째, 음악 박자에 맞춰서 편집하자.

필자가 많이 사용하는 방법인데 영상 커팅을 어디서 해야 할지 모르겠다면 배경음악 박자에 맞춰 영상 클립과 클립이 넘어가도록 분할하면 고민하는 시간도 줄일 수 있고 영상에 리듬감이 추가되어 더 생동감 넘치고 센스 있는 영상으로 만들 수 있다.

KINEMASTER

CHAPTER 7

편집 외에 크리에이터가 알아야 하는 것들

★★★★★

해상도와 프레임

지금까지 키네마스터 하나로 영상 편집을 진행할 때 알아두면 좋은 기능들을 기초부터 중, 고급 내용까지 다양하게 익혀 보았다. 이제부터는 편집 영상을 저장하기 전에 영상 제작자라면 꼭 알아야 하는 상식 중 하나인 해상도와 프레임에 관해 간단하게 살펴보자.

저자는 강의를 할 때 사실 해상도와 프레임에 대해 깊이 있게 거론하지는 않는다. 하지만 중, 고급 강의를 요청받거나 특히 영상 편집 강의를 중점으로 강의를 진행할 때는 테크닉적인 편집 내용을 교육하기 전 해상도와 프레임의 개념부터 정확하게 설명한다. 영상을 좀 더 전문적으로 만들고 싶을 때 해상도와 프레임은 기초 상식 중 하나이기 때문이다.

우선 저자가 생각하기에 가장 쉽고 간단하게 해상도와 프레임을 정의해 본다면 해상도는 화면의 선명도이며, 프레임은 영상 화면에 몇 장의 사진이 포함되어 있는가이다.

네이버 지식백과에 의하면, 해상도는 화면 또는 인쇄 등에서 이미지의 정밀도를 나타내는 지표이고, 프레임은 한 장의 단순한 사진이라고 정의되어 있다.

프레임과 해상도, 이 두 단어를 듣기만 해도 어렵게 느껴진다면 조금 더 쉽게 접근해보자. 우리가 흔히 일상에서 시청하는 TV 영상은 보통 30프레임, 영화 또는 영화 느낌의 드라마와 뮤직비디오는 24프레임, 비디오 판독이 필요한 축구 경기 같은 스포츠 중계는 60프레임으로 촬영되었다고 생각하면 매우 간단하다. 프레임을 듣고 또 들어도 헷갈린다면, 세 가지만 반드시 기억하자!

★ **일반적인 영상:** 30프레임

★ **영화:** 24프레임

★ **스포츠 중계:** 60프레임

해상도는 1920×1080만 기억해도 충분하다.

키네마스터로 편집한 영상 저장하기

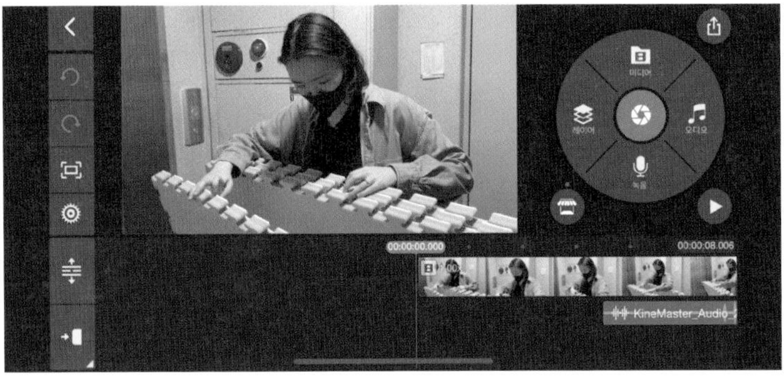

영상 편집을 마무리했다면, 이제 영상을 저장해볼 차례다. 영상을 저장하는 버튼은 우측 상단 화살표 모양 버튼을 클릭한다.

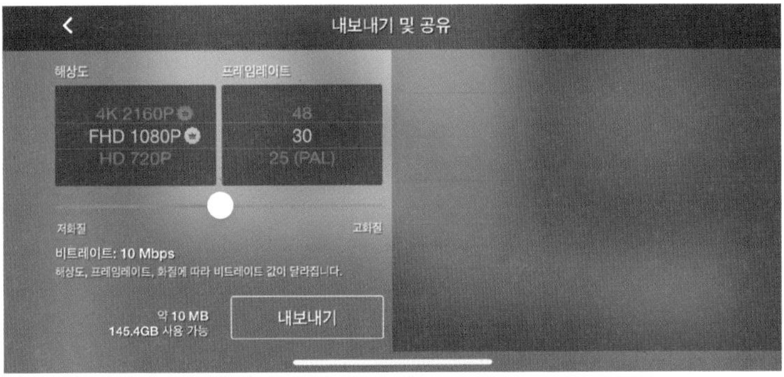

버튼을 클릭하면 앞서 설명한 해상도와 프레임을 선택하는 항목이 나온다. FHD 1080P와 30프레임이 기본 중의 기본이다.

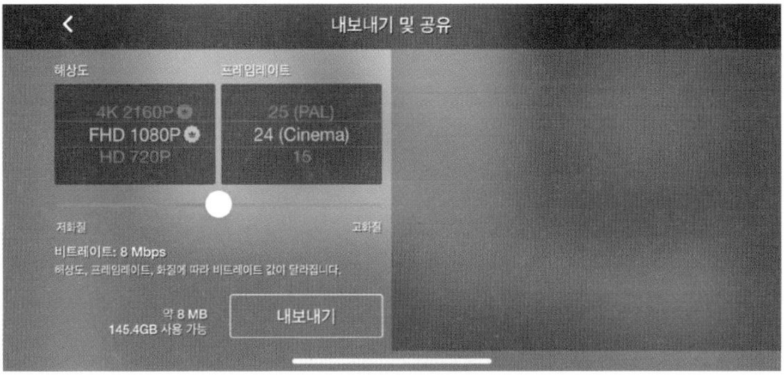

두 번째로 이전에 설명했던 것과 같이 영화적 느낌의 24프레임을 선택할 수 있는 화면이 나온다. 저자는 영화적 느낌을 좋아해서 자주 사용하는 편이다. 프레임은 영상 제작자의 개인적 취향이 나타날 수 있는 매개체이기도 하다.

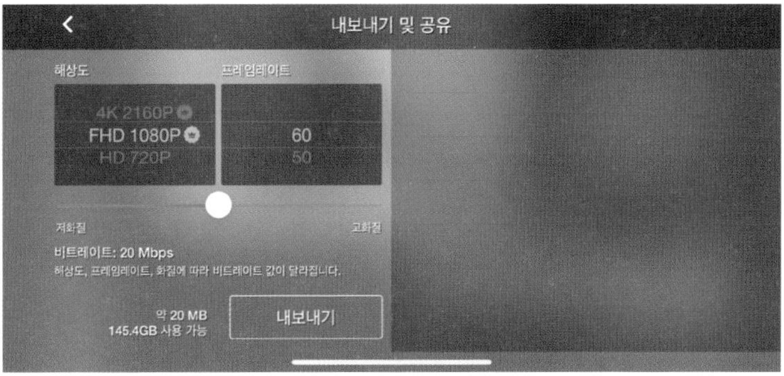

마지막으로 보통 스포츠 생중계 촬영 때 많이 쓰이는 60프레임을 확인할 수 있다. 더불어 게임 영상을 촬영할 때 60프레임으로 설정하는 경우도 상당히 많다.

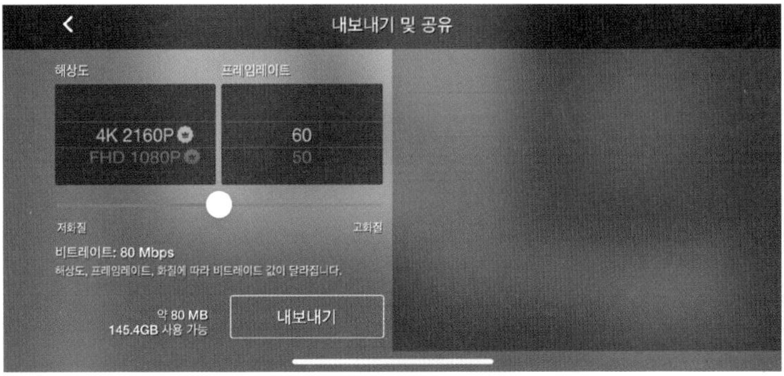

카메라 기술의 발달로 등장한 4K 영상이라는 말을 들어본 기억이 있을 것이다. 특히 스마트폰 기술력이 발전하면 할수록 카메라의 해상도를 강조하는데, 저자는 사실 4K 영상 촬영과 편집은 분명한 의도가 있다면 모를까 조금 조심스럽다는 의견을 표하고 싶다. 왜냐하면 4K 영상은 그 특유의 무거움 즉 편집 속도가 느려지고 편집 작업 기기의 사양이 꽤 높아야 원활하게 영상이 재생되기 때문에 영상 관련 일을 업으로 삼는 전문가들도 잘 사용하지 않는다. 물론 기술이 발달하는 속도만큼 해당 기술력을 중요시 여긴다면 4K로 설정하여 작업하는 것을 권하지만 일반인들에게는 FHD면 충분하다고 생각한다.

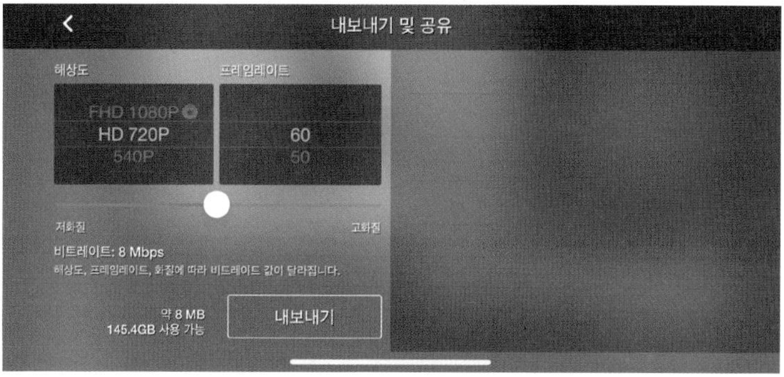

FHD 1080보다 조금 더 가벼운 마음으로 영상을 작업하고 싶다면, HD 720도 추천한다.

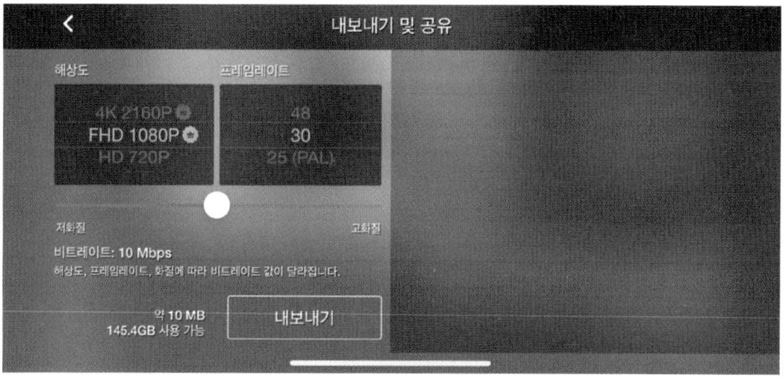

상위 해상도와 프레임레이트 설정을 끝냈다면, 보통의 경우에는 저화질에서 고화질 사이 중간 지점에 커서를 놓고 내보내기 버튼을 클릭하는 걸 추천한다.

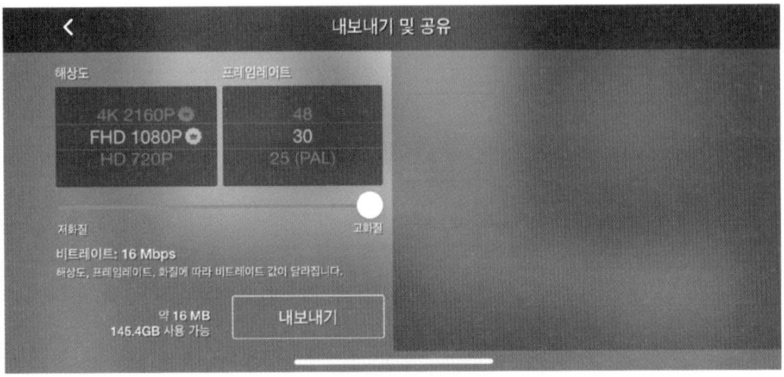

하지만 보다 선명하게 영상을 저장해서 내보내야 하거나, 영상의 길이가 짧은 경우에는 저화질 또는 중간 정도의 화질이 아닌 고화질로 커서를 이동하여 내보내기 하는 것을 추천한다.

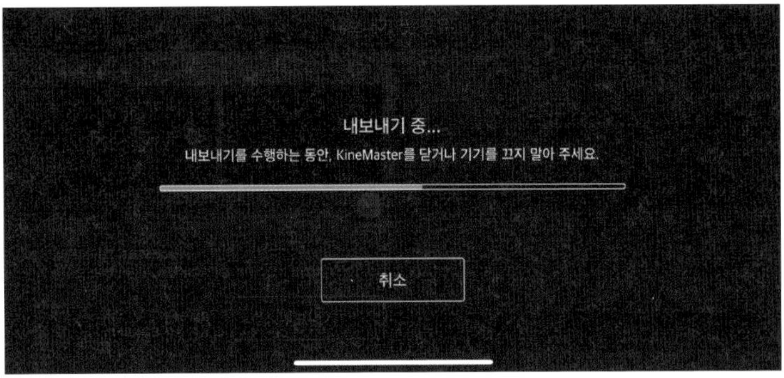

상위 단계를 모두 마무리했다면, 빨간색 표시가 막대기 끝까지 이동하여 동영상 저장이 완료될 때까지 다른 작업을 멈추고 차분하게 기다리자. 기다림 끝에 고생해서 작업한 영상 완성본을 확인할 수 있을 것이다!

크리에이터의 시작, 기획이 반이다

지금까지 스마트폰을 활용하여 영상 편집을 작업할 때 가장 활용도 높게 사용할 수 있는 애플리케이션인 키네마스터의 기초 매뉴얼부터 중, 고급까지 테크닉 위주로 살펴봤다. 지금부터는 테크닉이 완성된 이후 크리에이터가 갖추어야 할 여러 역량 중 영상 기획에 대해 짧게나마 이야기해보려 한다.

저자는 크리에이터에게 기획력은 필수 조건 중 하나라고 다소 강하게 어필하고 싶다. 사전적 의미가 분명히 있겠지만, 개인적으로 기획은 쉽게 말해 어떤 새로운 것을 도전하며 시작하고자 할 때 무작정 행동하는 것이 아니라, 나의 생각을 나름대로 정리하고 구조화하는 작업이라 정리하고 싶다. 더불어 저자가 강의 때마다 강조하는 기획의 핵심 및 목적은 기, 승, 전, '설득'이다. 내가 행동하여 실행시키고자 하는 생각을 간결하고 명료하게 정리하여 상대방에게 전달하는 작업을 통해 창작자의 의도를 납득시킬 수 있는 기술이 바로 '기획력'이다.

그렇다면 "나의 생각은 도대체 어떻게 명료하게 정리하는 것일까?"라는 질문이 나올 수 있다. 어떤 사람은 평소에 생각이 너무 많아서 걱정일 수 있고, 어떤 사람은 생각은 적당히 있는데 그 생각을 어떻게 정리해야 할지 방법을 모를 수도 있고, 어떤 사람은 생각이 없거나 생각이 잘 안 날 수도 있다. 당신은 어디에 속하는가? 저자의 경우 평소에 생각이 참 많은 편이다. 그래서 일부러 생각을 멈추는 시간을 갖기도 하고, 끊임없이 나오는 나의 생각을 멈추기 위해 제어할 수 있는 나만의 방법을 갖고 있기도 하다. 자, 다시 본론으로 돌아가서 나의 생각은 도대체 어떻게 명료하게 정리할 수 있을까? 이 질문에 대한 해답을 이제부터 조금 더 자세히 알아보자.

창의적인(Creative) 생각의 비밀

나의 생각을 명료하게 정리할 수 있는 방법에 대해 먼저 이야기해보자. 사실 시중에는 기획 방법과 기획력에 관한 보다 전문적인 지식들과 책이 정말 많겠지만, 우리는 크리에이터에 초점을 맞추어 다소 가볍게 고민해 보려 한다. 조금 더 정확하게 표현하자면 가볍지만 또 가볍지만은 않은 그 사이에 무게를 두고 저자가 평상시에 자주 사용하는 방법을 소개하겠다.

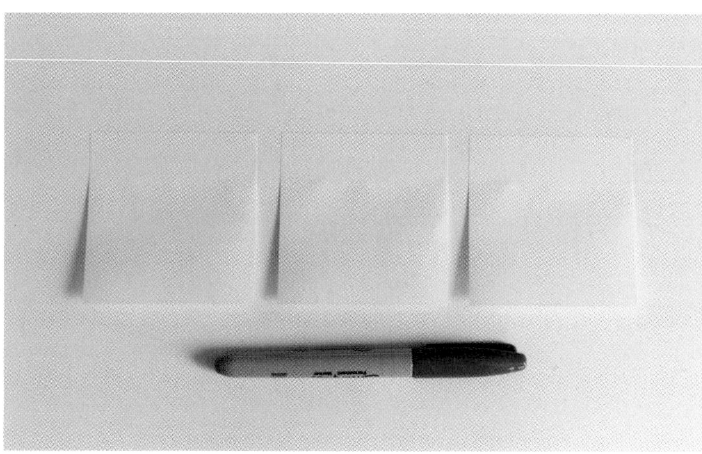

앞선 이미지처럼, 내 머릿속에 포스트잇을 붙인다고 상상하며 무한대로 뻗어 나가고 있는 나의 생각들을 각각의 객체로 객체화하는 작업이다. 여기서 중요한 포인트는 최대 3개까지이다. 3개인 이유는 아주 간단하다. 우리가 생각하는 것 이상으로 사람은 단순해서 한꺼번에 기억할 수 있는 생각들의 한계가 존재한다. 그래서 저자는 보통 이분법 형태로 생각을 정리하거나 앞의 이미지처럼 3단계로 생각을 나누어 정리하는 습관을 가지고 있다.

보통 1) 왜 생각했는지 2) 어떤 걸 준비해야 하는지, 어떻게 실행해야 하는지 3) 언제까지 실행 즉 결정할 것인지로 나누는 편이다. 유튜브 또는 미디어 콘텐츠를 기획할 때도 이런 방법은 꽤나 유용하다. 특히 미디어 작업의 단계도 프리 프로덕션(기획)/ 프로덕션(촬영 및 제작)/ 포스트 프로덕션(후반 작업 ex) 후시 녹음, 색 보정 등) 3단계로 크게 나누어 진행하기에 크리에이터로 활동하는 초창기에 올바른 습관을 들이고자 할 때 저자가 추천하는 습관을 가져 본다면 상당히 도움 될 것이다. 글쓰기 형식도 서론, 본론, 결론의 형태로 크게 3단계로 나뉘어 있다. 더불어 우리 주변에는 3단계의 형태로 나뉘어 있는 무언가가 꽤 많다. 꼭 한번 직접 찾아보기를 바란다.

더불어 강의를 진행하다 보면 다음과 같은 질문을 종종 반복적으로 받는다. "강사님, 생각이 안 날 때는 어떻게 하죠?" 나는 이 질문을 받을 때마다 망설임 없이 동일하게 답변한다. "생각이 안 날 때 가장 좋은 방법은 잠시 하던 생각을 멈추는 것이 좋아요." 이렇게 답변하면 수강생의 반응은 두 가지로 나뉜다. 갸우뚱하거나, 사고의 전환을 느껴서 너무 좋아하거나. 여러분들에게 묻고 싶다. "생각이 안 날 때 어떻게 행동하시나요?" 그리고 "생각을 얼마큼 해 보셨나요?"라고 반문하고 싶다.

저자의 경우 콘텐츠를 기획할 때 최소 하나의 생각을 5~10번까지 깊게 파고드는 습관을 가지고 있다. 첫 번째의 경우 1차원적으로 해당 논점에 관해 표면만 바라본다. 두 번째 경우에는 겉모습에 가려 보이지 않는 속을 상상하며 바라본다. 세 번째 경우에는 내가 이것을 기획하지 않는다는 가정 아래 제3자의 시선을 가지고 객관적으로 바라본다. 이후 생각들은 논점에 따라 여러 장치를 설정하여 바꾸어 펼쳐 나간다.

그런데 저자가 느끼기에 많은 수강생들이 생각이 나지 않는다며 물어보는 논점을 직접 다가가서 살펴보면 생각을 몇 번 안 해 본 경우가 수두룩했다. 사실 어찌 보면 당연한 결과일 수 있다. 우리는 어렸을 때부터 생각하는 방법과 생각해야 하는 이유들에 대하여 체계화된 프로세스를 통해 학습해본 기억이 없다. 이유는 다양하겠지만 굳이 말하지 않겠다. 하지만 저자는 워낙 어렸을 때부터 생각하는 것을 좋아했고, 나의 생각을 말하고 또 말로 뱉은 생각들을 글로 정리했었다. 초등학생 때부터 카메라를 가지고 놀며 정리된 글을 '카메라'라는 도구를 활용하여 행동으로 옮기는 작업도 했었다. 그래서인지 이와 같은 생각과 행동의 방식들이 익숙하기에 크리에이티브한 생각을 시도하는 데 거리낌이 없는 것 같다.

다만 저자 또한 늘 크리에이티브한 생각만을 하는 것도 그런 결과물만을 내는 것도 아님을 분명하게 강조하고 싶다. 단지 객관적으로 남들보다 조금 더 많이 해 봤고, 경험한 시간의 힘이 있기에 현재 이러한 부분들의 노하우와 지식들을 공유하는 강사로도 활동을 할 수 있는 것 같다. 그렇다면 여기서 크리에이티브한 생각의 비밀에 관한 해답이 거의 나온 것 같다. 바로 '내가 생각한 것 그 이상으로 생각을 시도하고 많이 해 보는 것'이다. 이전보다 더욱 크리에이티브한 생각을 펼쳐 보기를 기원한다.

KINEMASTER

CHAPTER 8

키네마스터 120% 활용법

★★★★★

회사 행사 편집 노하우

저자가 보통 직원 대상으로 영상 콘텐츠 제작 실무 강의를 진행할 때, 회사 행사 스케치 영상 제작 실습을 되도록 꼭 포함시킨다. 광고 또는 홍보 영상도 아닌 행사 스케치 영상은 직장인이라면 한 번쯤 만들어 볼 기회가 생길 확률이 꽤 큰 편이고, 때로는 꼭 만들어야 하는 업무 포지션에 있는 직원들도 많다. 자, 그렇다면 실제로 키네마스터를 활용해서 행사 스케치 영상을 만든다고 가정해보자.

우선적으로 회사 행사 스케치 영상을 기획할 때 핵심은 1) 행사 이름, 행사 일시, 행사 참석자 특징 2) 행사의 목적 3) 행사를 통해 이루어지는 가치 창출 관련 내용이 들어가면 좋다. 이렇게 3가지의 핵심 내용을 기억하고 촬영을 시작하면 이전보다 조금 더 쉽게 촬영을 순차적으로 진행할 수 있다. 더불어 스케치 영상은 나름대로 공식과 같은 틀이 있는 영상 포맷이라 몇 번 제작 경험을 해 보면 생각보다 어렵지 않게 어느새 영상 제작에 능숙해진 나의 모습을 확인할 수 있을 것이다.

그런데 여기서 잠깐, 회사 행사 스케치 영상을 내부에서만 공유하는 형식으로 만들 경우 앞에서 언급한 순서대로 편집을 진행하면 되겠지만, 이왕 만든 것 SNS 채널에도 공유하고 싶다면 편집 순서가 조금 바뀌어도 좋겠다. 이유는 저자가 늘 강의 때 강조하는 것으로, 두괄식 형태의 SNS 영상 콘텐츠 제작의 필요성이다. 지금 이 글을 읽고 있는 이 순간에도 어마어마한 콘텐츠들이 쏟아지고 있는 SNS 콘텐츠 홍수 시대에 내가 열심히 만든 영상 콘텐츠가 생각보다 빠르게 재생되지 못하고 넘어갈 수 있다. 그렇기에 그냥 막 만들기보다는 신경 써서 영상 자막을 작성하고 편집 화면들을 재구성하는 노력이 필요하다.

자녀의 영상 편집 지도 방법

저자가 평소 성인 대상의 콘텐츠 교육뿐만 아니라 청소년 교육 또한 함께하다 보니 학부모 대상으로 Z세대 자녀들과의 미디어 콘텐츠를 주제로 소통하는 방법에 관한 강의와 영상 편집 교육을 진행할 때, 특히나 초등학교 저학년 친구들과 수업을 진행할 때에는 부모와 자녀가 함께 수강하는 경우가 적지 않다. 이때마다 학부모님들로부터 늘 받는 질문 세 가지가 있다. 첫 번째가 "우리 아이 동영상 하루에 얼마나 보여줘야 할까요?"이며 두 번째가 "하루에 몇 시간 정도 영상 편집을 하면 가장 좋나요?"이며 마지막이 "영상을 만들 때 세대 차이가 나는데 어떻게 극복할까요?"이다.

이러한 질문을 받을 때마다 사실상 객관적으로 뚜렷한 기준이 나오지 않아 답변하기 조금 난감하지만 조심스럽게 이렇게 대답하곤 한다. 첫 번째의 경우 하루 동영상 시청 시간은, 아이의 성향과 상황에 따라 아이가 해야 할 일을 마무리하는 조건으로 시간을 정해서 보여주는 것이 좋고, 두 번째 질문의 경우 영상 편집은 되도록 학년별 학교 수업 시간과 동일하게 진행하고 쉬는 시간에 반드시 안구 운동을 하는 것이 좋다. 그리고 마지막 영상 제작 시 세대 차이가 나는 건 너무나도 자연스러운 현상이므로 각 세대별로 특화된 콘텐츠를 서로에게 알려주는 방식으로 즐겁게 소통하는 것을 권장한다.

예를 들면 이런 것이다. 저자 또한 그랬는데 아이가 어렸을 때부터 영상 만드는 부분에 있어 상당한 관심을 가지고 있으며 해당 전문가에게 자문을 구했을 때 재능이 보인다고 했다면 다른 교육들과 마찬가지로 창의적인 방법을 통해 영상 교육 또한 조기 교육을 하는 것도 방법일 수 있겠다. 더욱이 아이의 주관이 뚜렷하고 진로까지 부모와의 고민 끝에 협의가 되었다면, 보통의 아이들이 하루에 동영상을 1시간 정도 시청한다고 가정했을 때 영상 계통으로 진로의 큰 뜻을 품은 아이의 경우 부모의 지도 아래 수학 공부를 하듯 영상 공부를 해 볼 수도 있지 않겠나 하는 생각이다.

그러나 아이들은 분별력과 절제력이 부족하므로 반드시 각 가정별로 아이 성향에 따라 영상 작업 시간을 정확하게 처음부터 약속하여 지키는 것이 중요하다. 일반적인 교과목과는 다르게 영상 작업은 생각보다 시간 소모가 크기 때문에 시간을 적절하게 분배하여 다른 필수 과목들에 지장이 가지 않도록 학습 시간을 정해야 한다. 더불어 성장기 아이들의 경우 시력 저하를 예방할 수 있는 여러 장치들(보안경 등)도 준비해야 한다. 눈에 좋은 음식들을 적절하게 섭취하는 것도 중요하다.

아이들은 보통 키네마스터 활용 시 타임라인 기본 화면에서 레이어 버튼을 클릭한 후 표시되는 스티커와 손글씨 매뉴얼을 즐겨 사용하는 편이다.

스티커 버튼을 클릭하면 기본 스티커부터 다양한 스티커를 다운로드 하여 사용할 수 있다.

저자는 그래픽 심볼 카테고리 안에 포함되어 있는 스티커 중 하나를 선택하여 이미지에 보이듯이 원하는 위치에 적용하였다. 앞서 계속 설명한 것과 마찬가지로 키네마스터 편집 시 내가 새롭게 영상 편집한 부분을 적용하고자 할 때에는 우측 상단 체크 표시를 반드시 클릭하여 작업을 완료해야 한다.

더욱 다양한 스티커를 활용하고 싶을 경우 유료 버전을 이용하여 에셋 스토어에서 보이는 이미지처럼 모션, 기념일, 꾸미기부터 텍스트와 라벨까지 사용 가능하다.

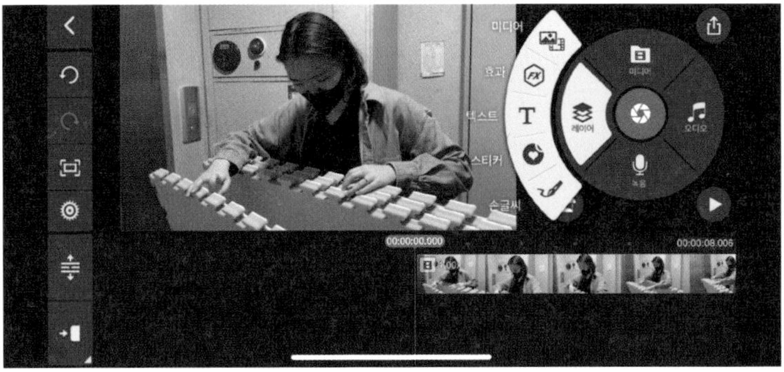

스티커와 더불어 손글씨 편집을 시도하고 싶을 경우 메인 화면에서 레이어 버튼을 클릭하여 손글씨로 이동한다.

나만의 손글씨 스타일로 영상 화면에 원하는 자막 또는 그림을 삽입

해 보자. 선의 굵기와 색상 등 다양한 효과 선택이 가능하다. 더불어 기본적인 도형도 포함되어 있으니 펜 모양 버튼 아래 직사각형 모양 버튼을 클릭하여 하나씩 적용해보며 기능들을 익혀보자.

키네마스터와 함께 사용하면 좋은 장비

1) 태블릿 PC

보통 키네마스터를 스마트폰으로 먼저 접하게 될 것이다. 그러나 스마트폰으로 키네마스터를 꽤 많이 이용한다고 판단될 때부터는 조심스럽게 스마트폰보다 화면이 큰 태블릿 PC 사용을 권하고 싶다. 특히나 자라나는 청소년 같은 경우에는 태블릿 PC가 가정에 있다면 처음부터 사용하기를 적극 권장한다. 생각보다 영상 편집 작업은 시력에 많은 영향을 주므로 최대한 시력을 보호할 수 있는 장비들을 준비하는 것이 좋다.

2) 태블릿 펜슬

영상 작업을 오래 할수록, 또 고차원적인 편집을 하면 할수록 편집 능력에 정교함이 필요하다. 이때 우리 손으로는 세심한 터치를 하는 데 있어 한계가 있기에 태블릿 PC 사용 시 활용할 수 있는 펜슬을 구비하는 것도 좋은 방법이 될 수 있다.

3) 크로마키 천

키네마스터를 활용하여 크로마키 효과를 사용하면 PC 동영상 편집 프로그램보다 훨씬 더 편리하게 작업할 수 있음을 느낄 수 있다. 크로마키 천

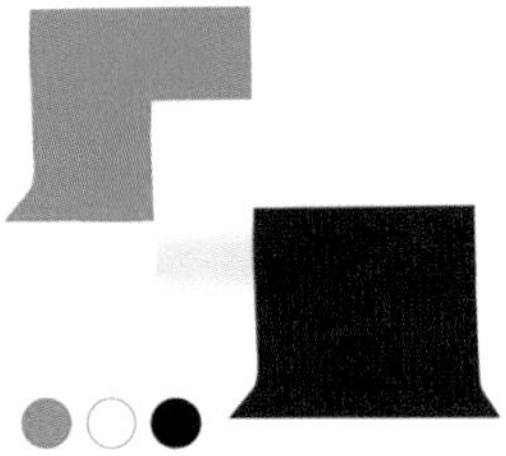

은 요즘과 같은 온택트 시대에 집에 하나 쯤 있으면 나쁘지 않은 장비 중 하나이다. 꼭 크로마키 효과를 쓰지 않더라도 화상 회의 등을 할 때도 깔끔한 배경으로 사용 가능하기 때문이다. 여러 색상 중 하나만 구매하기 원한다면 초록색으로 가볍게 구매하기를 권장한다. 금액은 1만 원대부터 시작해서 천차만별이기에 나의 예산과 상황에 맞게 적절하게 구매하는 것이 가장 좋다.

KINEMASTER 4

30초 브이로그, 키네마스터로 끝내기

우리가 흔히 영상 편집의 시작 단계에서 많이 하는 콘텐츠인 브이로그, 즉 일기를 영상으로 담는 것이다. 저자는 영상 작업에 입문하는 수강생들에게 이렇게 조언한다. 처음부터 전문가들이 올리는 영상들을 따라하는 것도 좋은 방법일 수 있지만, 수학을 배울 때도 덧셈을 배우고 곱셈을 배우듯 영상을 공부할 때도 단계별로 차근차근 레벨을 올릴 필요가 있다. 예를 들어 초급 과정에서는 15초 영상부터 시작해서 30초, 1분, 3분, 5분과 같은 다양한 시간으로 영상을 구성하는 방법을 배우는 것을 권유한다. 자 그렇다면 지금부터 저자와 함께 30초 이내 영상 브이로그를 손쉽고 빠르게 편집하는 것을 따라 해 보자.

우선 영상 편집할 소스들을 타임라인 위에 불러온다. 보통 30초 이내 영상일 경우 컷은 10컷 이내가 일반적인 구성이다. 또한 시작과 마무리 부분에 자막을 별도로 삽입해서 제목과 여러 정보들을 편집할 예정이라면 일반적인 화면과 별도로 6초 정도 추가된다고 생각하면 쉽다. 하지만 저자는 기본 영상 소스 화면 위에 자막을 삽입할 예정이기에 조금 더 다양한 화면을 삽입하여 전체적인 타임라인 위 영상 소스들을 컷 편집을 통해 가지런히 나열하였다.

컷 편집을 마무리하였다면, 첫 번째 위치한 컷부터 세부 편집을 시작한다. 세부 편집에는 기본적으로 자막 편집이 포함되고, 영상 색 보정 또는 특수효과 등을 추가적으로 진행할 수 있다. 저자는 브이로그 처음 시작 화면에 곧바로 제목을 삽입한다 생각하고 레이어 버튼을 클릭한 뒤 텍스트 버튼을 클릭하여 자막을 입력해보겠다.

영상의 제목은 특별한 이유와 방향성이 있지 않다면 직관적으로 짓기를 권장한다.

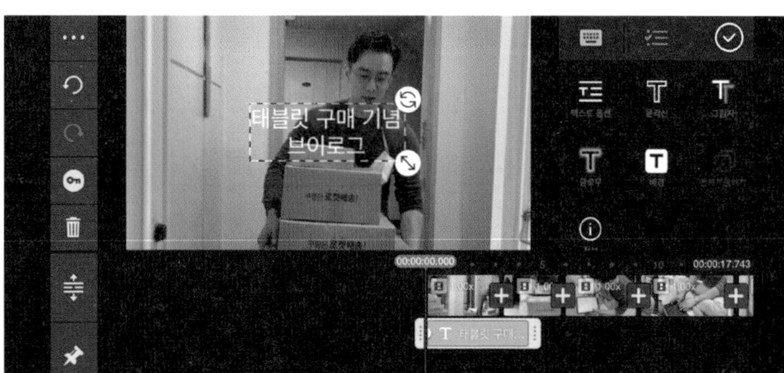

입력한 자막을 체크 버튼을 클릭하여 삽입하면 이미지에서 보이는 것처럼 표시된다. 그런데 자막 글씨체도 너무 얇고 가독성이 떨어지게 느껴진다. 우측 상단 위에 배경 버튼을 클릭해보자.

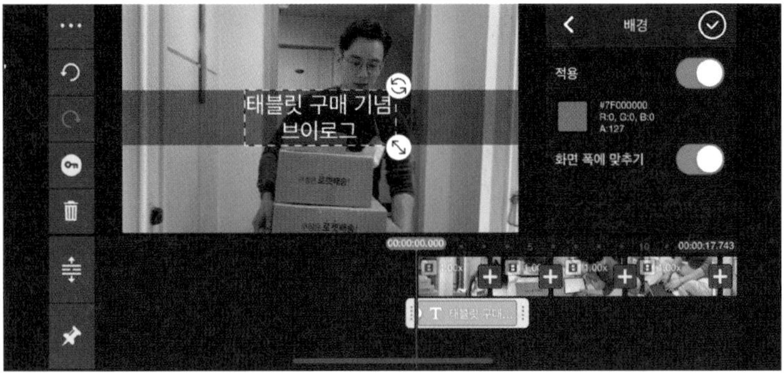

배경 버튼을 클릭한 후에 나타나는 화면에서 '적용'과 '화면 폭에 맞추기' 버튼을 클릭하면 우리가 평상시에 보던 영상들의 자막 모양처럼 검정색 배경에 하얀색 글자가 입력된다.

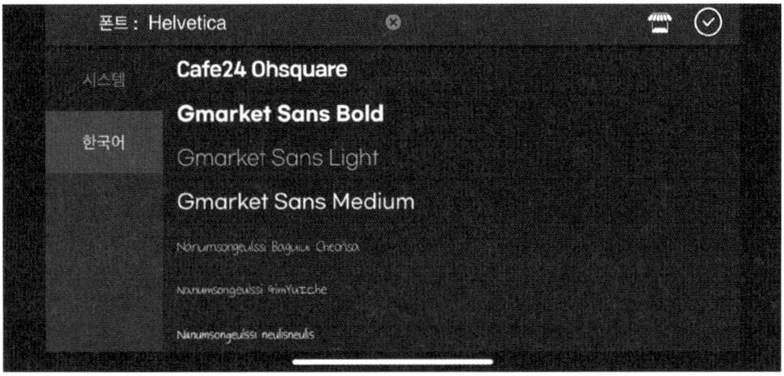

가독성을 높여주는 작업까지 끝냈다면 마지막으로 자막 글씨체를 바꾸어보자. 한국어 글씨체 중 마음에 드는 것을 클릭한 뒤 우측 상단에 위치한 체크 버튼을 클릭하자. 마음에 드는 글씨체가 없을 경우 우측 상단 체크 버튼 좌측에 위치한 집 모양 버튼을 클릭하면 에셋 스토어로 이

동할 수 있는데, 거기서 조금 더 다양한 글씨체를 다운로드할 수 있다.

이런 과정을 거치면 자막의 형태가 이전보다 훨씬 더 가독성 높게 완성된다.

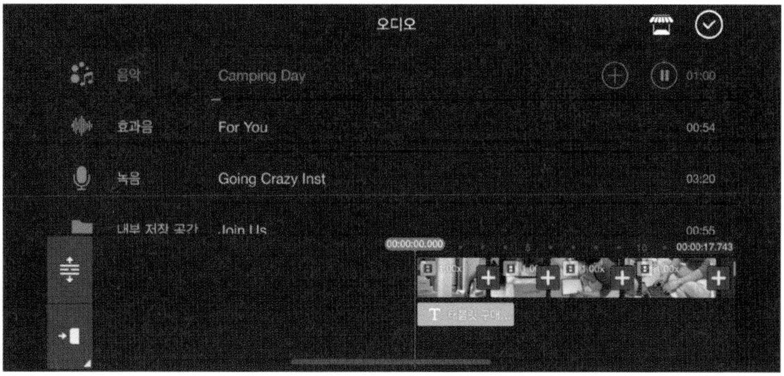

브이로그뿐만 아니라 영상 제작 작업 시 빠질 수 없는 배경음악 넣기 차례다. 저자는 camping Day 음악을 선택했고 우측 상단의 플러스 버튼을 클릭하여 배경음악을 영상에 삽입했다.

이미지 화면을 보면 배경음악으로 Camping Day가 삽입되었음을 확인할 수 있다.

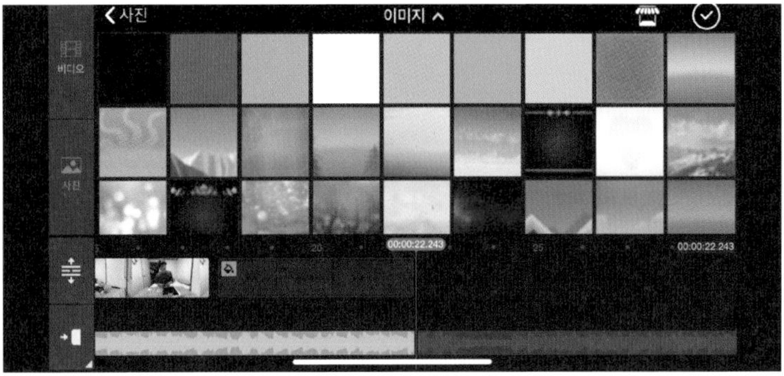

배경음악 삽입까지 완료했다면 브이로그 마지막 장면에 날짜를 입력한 자막을 삽입하기 전 검정색 바탕의 이미지를 추가하려 한다. 우리가 브이로그에서 흔히 보게 되는 검정색 바탕화면에 하얀 글씨 자막을 입히는 편집 작업을 진행하려고 하는 것이다.

저자는 기존에 자막 작업했던 것과 동일한 효과를 마지막 자막에도 적용하고자 한다. 따라서 기존 자막을 클릭하여 좌측 상단 첫 번째 버튼을 클릭하면 '복제, 화면 수평 가운데, 화면 수직 가운데' 항목을 선택할 수 있는데 이때 복제 버튼을 클릭하여 동일한 자막을 하나 더 생성해 보자.

이미지에서 볼 수 있듯이 동일한 자막이 두 개가 생성되었다. 이제 아래에 위치한 두 번째 자막을 길게 클릭한 뒤 방금 전에 작업했던 검정색

바탕 화면 클립에 맞추어 우측으로 이동시킨다.

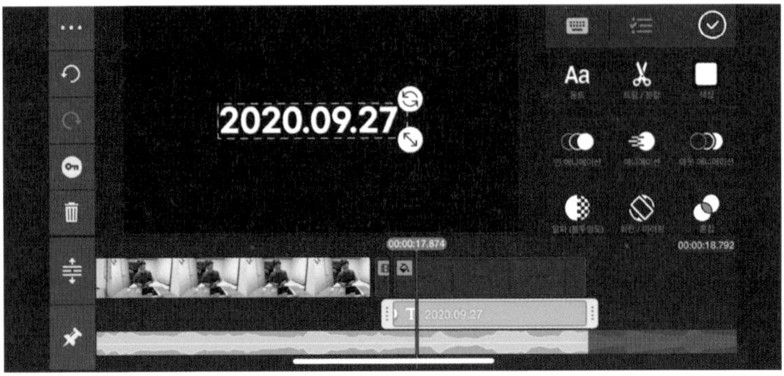

우측으로 이동시킨 자막과 검정색 배경화면의 길이를 동일하게 맞추어주면 우리가 만들고자 했던 브이로그 편집이 완성된다.

저자는 23초 브이로그 영상을 이렇게 완성하였다.

지금까지 스마트폰 동영상 편집 애플리케이션 '키네마스터'를 활용한 영상 편집 초급부터 고급 과정까지 배워보았고 마무리로 브이로그 실습을 진행했다. 스마트폰 하나로 오늘의 일상을 편집한다는 것은 생각만 해도 얼마나 편리하고 또 흥미로운 일인가? 하루에도 수없이 사용하는 스마트폰으로 크리에이터에 도전하고 영상 편집을 시작해보자. 지금까지 살아왔던 세상과 또 다른 세상을 경험하게 될 것이다!

KINEMASTER

부록

유튜브에 영상 업로드하는 방법

편집 완료 후 썸네일까지 준비가 되었다면 이제 채널에 업로드할 일만 남았다. 영상을 업로드할 때는 참고로 스마트폰보다는 pc에서 작업하는 것이 훨씬 수월하다. 그 이유는 썸네일 업로드, 태그 및 기타 설정 등 중요한 몇 가지 기능들이 스마트폰에서는 불가하며 pc에서만 가능한 기능들이 있기 때문이다. 그렇기에 이번 편에서는 pc에서 영상을 업로드하는 방법에 대해 살펴보도록 하겠다.

먼저 유튜브 사이트로 접속한다.

로그인을 진행한 후 오른쪽 상단에 위치한 메뉴 중 카메라같이 생긴 아이콘을 클릭한다. 클릭하면 두 가지 하위 메뉴가 나오는데 그중 '동영상 업로드' 버튼을 클릭한다.

TIP

실시간 스트리밍을 진행하려면 구독자 수 1,000명에 누적 시청 시간 4,000시간 이상이라는 조건이 필요하다.

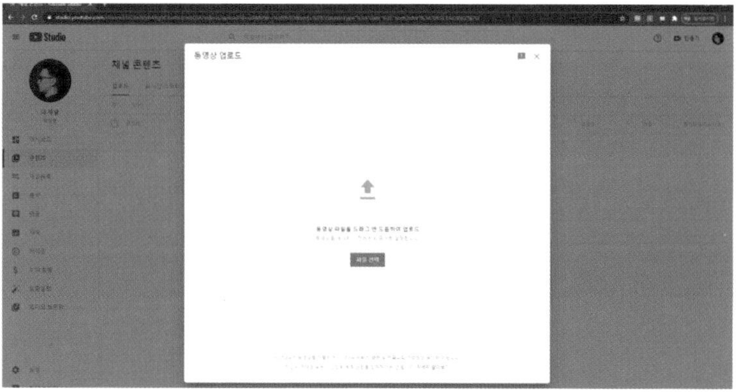

동영상 업로드 버튼을 클릭하면, 동영상 업로드 창이 뜨게 되는데 여기서 '파일 선택'을 클릭한다.

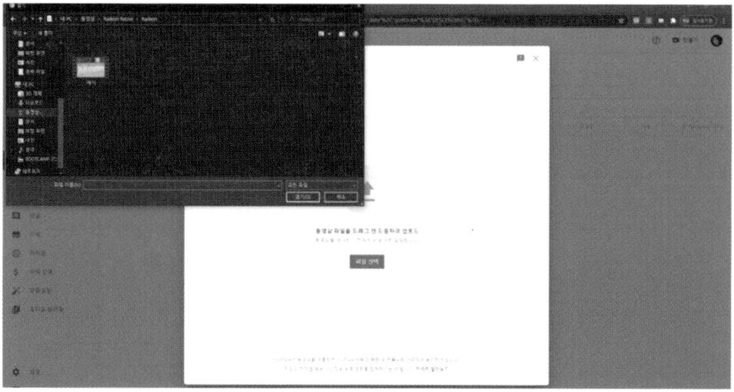

파일 선택을 클릭한 후 열기 창이 나타나면 여기서 자신이 업로드하고자 하는 영상을 찾아서 열기 버튼을 클릭한다.

그런 다음 영상의 제목과 설명, 썸네일 등을 적용할 수 있는 세부정보 창이 나오는데, 업로드하고자 하는 동영상의 제목과 설명을 작성한 후 썸네일은 '미리보기 이미지 업로드' 버튼을 클릭하여 제작한 썸네일을 불러오도록 한다.

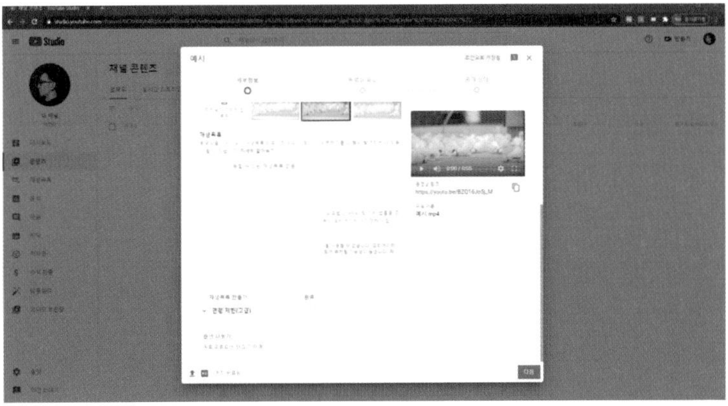

썸네일까지 넣었다면 이제 그 아래 재생목록 부분에서 미리 만들어놓은 것이 있다면 업로드하고자 하는 영상에 맞는 재생목록을 선택한다. 없으면 재생목록 만들기를 선택하여 만들어 주도록 한다.

재생목록 아래에 시청자층 메뉴에서는 아동용 콘텐츠일 경우 반드시 '예, 아동용입니다'에 체크하도록 한다.

아동용 콘텐츠가 아닐 경우 아래에 있는 연령 제한에서 18세 이상 콘텐츠인지 아닌지 선택하도록 한다.

한때 유튜브에서 광고 문제로 이슈가 있었었는데 만약 채널을 운영하다가 광고를 받게 된 경우 꼭 유료 프로모션 항목을 체크하여 구독자들과의 신뢰를 잃지 않도록 한다.

다음으로 다른 시청자를 내 채널에 유입시킬 수 있는 방법 중 하나인 '태그' 입력란이 나오는데, 우선 태그는 일종의 검색어이자 키워드, 인스타그램에서 쓰이는 해시태그와 비슷한 개념이라 생각하면 된다. 그래서 태그는 영상 내용에 맞는 단어들만 넣어주는 것이 좋으며 너무 공들일 필요까지는 없으므로 적절히 입력하도록 하자.

입력 개수는 15개에서 20개가 좋다는 말이 있는데 정확한 사실은 아니므로 앞서 얘기한 것처럼 너무 공들이지 말고 제목과 설명에 좀 더 공들이도록 하자.

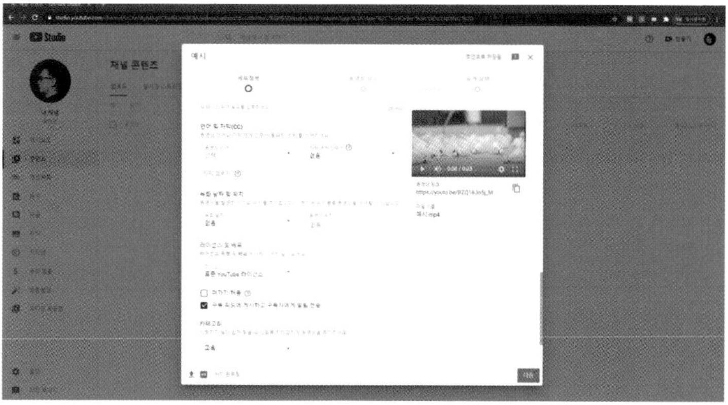

다음으로 언어 및 자막, 녹화 날짜 및 위치는 내 영상에 맞게 선택하여 주고, 라이선스 및 배포에서 퍼가기 허용은 체크를 해제하여 다른 사람이 내 영상을 다운로드하거나 퍼갈 수 없도록 한다.

다음으로 카테고리는 내 영상에 맞게 선택하여 주고, 댓글 및 평가는 기존 값대로 진행하여도 무방하므로 다음 버튼을 눌러 넘어가도록 하자.

동영상 요소로 넘어오면 두 개의 메뉴가 나오는데 이 작업은 영상 업로드 후 진행해도 되므로 넘어가도록 하자.

마지막으로 공개 상태 설정 메뉴인데, 정해진 시간에 업로드를 하고 싶은 경우 예약 버튼을 눌러 원하는 날짜와 시간을 선택한다.

예약 메뉴 아래쪽에 보이는 'Premieres 동영상으로 설정'은 유튜버들이 많이 사용하는 기능 중 하나인 '최초 공개'이다. 이 메뉴를 체크하고 업로드를 하면 지정된 시간에 업로드가 되고 동시에 시청자들과 함께

소통할 수 있는 채팅창이 활성화되어 실시간 스트리밍을 하듯이 사용 가능하다. 구독자들과 활발히 소통하고 싶은 경우 이 기능을 사용해보도록 하자.

공개 상태 설정 메뉴에는 저장 또는 게시와 관련된 부분에서 비공개, 일부 공개, 공개 3가지 선택 사항이 나온다. 우선 '비공개'는 말 그대로 나를 제외한 아무도 볼 수 없도록 업로드를 하는 것이며, 비공개 버튼 아래 파란색 글씨로 표시되어 있듯이 내가 지정한 사람만 볼 수 있도록 하는 메뉴이다.

'일부 공개'는 그 아래 설명에도 나와 있듯이 영상 업로드 후 영상에 해당하는 URL 주소를 받은 사람은 누구나 볼 수 있는 메뉴이다.

마지막으로 '공개'는 영상을 업로드한 후에 누구나 볼 수 있는 메뉴이므로, 상황에 맞게 선택하여 저장 버튼을 눌러 업로드하도록 하자.

영상의 업로드가 마무리되면 유튜브 스튜디오, 채널 콘텐츠에 업로드가 되어 있는 것을 확인할 수 있다. 나중에 영상을 수정하거나 삭제하고 싶은 경우 해당 메뉴에 들어와 진행하면 된다.

향후 멋진 크리에이터가 되는 데 이 책이 밑거름이 되기를

2020년을 떠올린다면…
아마 기승전 '코로나'
이 한 단어가 떠오를 것이다.

단 한 번도 생각하지 못했던 세상이
우리 앞에 갑작스레 펼쳐지면서
우리 모두가 무질서한 혼란 앞에
어려움을 겪었던 한 해이다.

그러나 코로나 사태의 장기화로
사실 저자는 더욱 바빠졌다.

물론, 저자 또한 상반기에
누구나 겪었을 그 혼란을
잠시 호되게 경험하였고
좌절하기도, 또 주저앉기도 하였다.
하지만 슬픔의 늪에서 허우적대다
재빠르게 정신을 차려보고 나니
감히 코로나 시대 전과 후로
나뉠 수 있을 정도로,

콘텐츠 산업의 발전은
어마어마한 속도를 장착한 채
변화의 물결을 타기 시작함을
본능적으로 느낄 수 있었다.

저자가 활동하는 강의 시장을
예로 들자면, 이전의 콘텐츠 교육 키워드는
유튜브로 좁은 상태였다면

코로나 이후에는
비대면, 온택트, 언택트와 같은
키워드를 접목시킨 강의들이
무섭게 론칭되었고

제작을 예로 들자면,
다수가 모여서 작업해야만 하는
영화, 방송 산업의 촬영 현장은
어마어마한 현실적 타격을 입었지만

어디서나 스마트폰 한 대면
1인 방송과 영상 제작이 가능한
작업들은 빠른 속도로 진행되었다.
우리 모두가 대문 밖에 나가는 순간
바이러스의 위험에 노출된다는 압박 속에
사람들은 이전보다 더욱 온라인에서

사람들과 소통하기 시작했고,
글과 사진으로 소통하다
오프라인보다 더욱 '오프라인스럽게'
'무언가'를 전달할 수 있는
보다 생생한 '영상'에 집중하기 시작했다.

그런데 문제는 여기서 발생하였다.
반강제적인 상황으로 온라인에서
'나' 그리고 '우리 회사'의 영역을
확장해 나가야만 하는 지금 이 시대에

'글'과 '사진' 정도의 콘텐츠 제작과 업로드는
몇 번 배우고 나면 꽤나 손쉽게 활용할 수 있었지만,
영상은 그렇지 않게 느껴지는 것이다.

체계적으로 배우고 싶어도
교육을 제공하는 곳에서는 '속도'를 앞세워
무언가 꼼꼼하게 배울 수 없었고

주먹구구식으로 배우다 보니
나도 전문가들처럼 멋진 영상을 만들고 싶은데
그게 참 쉽지 않았다.
답답함에 이곳저곳 또 다양한 강사들을
만나며 배워도 그 갈증이 해소되지 않았고

마침내 저자를 만나 '속이 다 시원하다'는 느낌과
진짜 전문가에게 콘텐츠 제작 단계별 교육을 제공받고
돌아가는 수강생분들을 수없이 볼 수 있었다.

저자의 교육과 이 책에서 제공하는 방법들이
무조건 좋고 또 '최고'라고 말할 순 없겠지만

적어도 급조된 콘텐츠 제작자와 강사는 아니기에
또 나름대로 어릴 때부터 한 우물만 파왔기에
'성실함'과 '꾸준함' 그리고
'크리에이티브한 작업을 지속해 온 크리에이터의 자부심'은
내세울 수 있을 것 같다.

마지막으로 프롤로그에서 언급한 것처럼
Step by step, 하나씩 차분하게 포기하지 않는
반복적인 연습만이 당신의 크리에이터 꿈을 이루어 줄 것이다.

이 책을 시작으로 당신이 꿈꾸고 있는
현재 그 꿈의 크기보다 더욱 큰 세상에서
그 누구보다 멋진 크리에이터로 활동하길 바라고
이 책이 부디 그 꿈에 밑거름이 되길 바라며….

2021년
박찬준, 최현정 올림

누구나 쉽게 하는
스마트폰 영상 편집
키네마스터

1판 1쇄 펴낸날 2021년 3월 15일
1판 3쇄 펴낸날 2023년 5월 3일

지은이 박찬준, 최현정
펴낸이 나성원
펴낸곳 나비의활주로
책임편집 김정웅, 김신희
디자인 design BIGWAVE

주소 서울시 성북구 아리랑로19길 86
전화 070-7643-7272
팩스 02-6499-0595
전자우편 butterflyrun@naver.com
출판등록 제2010-000138호
상표등록 제40-1362154호

ISBN 979-11-90865-25-8 13000